わたしの旅ブックス
018

海外旅行なんて
二度と行くかボケ!!

さくら剛

産業編集センター

はじめに

近頃は「旅」に対するイメージが、ずいぶん綺麗になったなあと思います。

テレビがメディアの王者だった頃、人々は大陸横断ヒッチハイクをする芸人さんや、**魔境アマゾンに巨大怪蛇ナークや原始恐竜魚ガーギラスを探しに行く探検隊**を見て、「ああ、旅って大変なものなんだなあ」という感想を抱いていました。

ところがテレビに代わりインターネットがメディアの王座に就きつつある今日《こんにち》、私たちの目に入って来る「旅の情報」といえば、「**薄〜い知り合いが旅先からＳＮＳに投稿する、キラキラした海外の風景たち**」が主流です。美しい景色ぜいたくな食事ゴージャスなホテル……異国の人々とのふれ合いを楽しんでいる私の写真……。

まあそもそも、ＳＮＳの投稿には多かれ少なかれ自慢の要素が入るもの。「自分はこうして海外でエレガントな休日を過ごせるような、特別な人間なのよ」と、アピールするため優雅な投稿になるのは自然なことです。

それを見て、周りの人々はこう思うでしょう。「うわあ、海外ってこんなにキラキラして素敵なところなんだあ♡　へえ～、ゆみ、パリでこんなオシャレなカフェ見つけたんだぁ。あっ、トモコはウユニ塩湖の絶景で旅仲間と集合写真撮ってる！　うわぁそうなんだ～～みんな海外を満喫してすごいな～～うらやましいな～～～**とか言うと思ったら大間違いじゃぁっっ!!!　なんだその行間から滲み出る勝ち誇った雰囲気は!?　『私はおまえら下々の貧民と違って、日本の生活に疲れたらすぐに海外に飛び出してパリのオシャレカフェで麗しく休日を過ごしてしまえるような、そんな選ばれた民なのよ。人としての格が違うのよおまえら低所得の知人どもとは』とでも言いたいのかコラッ!!!　上級国民気取りかっっ!!!　けっ、ペッペッ(スマホに向かって唾)!!!　こちとらおまえの休日の様子ごときに1ミリたりとも興味ねえわガッッデム(中指を激しく立てて)!!!**

……………。まあでも、一応ゆみもトモコもゼミ仲間だし、人間関係に波風を立てないためにお義理で『いいね』は押しておこうっと……(立てた中指の向きを変えて『いいね』をタップ)」。

というように、まあなんというか、いろいろ感情の揺らぎは発生するものの、ともあれ**「海外旅行というのはおしなべて優雅でエレガントなものなのだ」**と、SNS時代に生きる多くの人たちは感じているのではないでしょうか。

ところが、そこに私は危惧を覚えています。

旅というのは、ただ優雅なものではないんです。もちろんガイドつきのツアーなら別ですが、「自由に行動する旅」は、優雅どころかむしろ苦労の連続なんです。まれに切り取ってSNSに投稿したくなるような、優雅な瞬間もある。しかし、その裏には何十倍という苦労が隠れているんです。ネットに上げられるセレブな投稿など旅全体からすれば氷山の一角、**掃き溜めに鶴が来た瞬間**を切り取っただけです。ゆみちゃんやトモコちゃんの旅も、投稿された部分だけがほんのわずかな鶴で、**それ以外は全部掃き溜め**なんです。ですから安心してください(なにを?)。

ともあれ、キラキラした部分にだけ捕らわれて裏の苦労を知らないままでは、いざ「次は私が！」とあなたが旅立った時、思わぬトラブルに立ち往生してしまうかもしれません。なにしろ旅先では思いもかけない事が起こるもの。「旅は優雅だ」という先入観しかなかったら、少しのハプニングでパニックになってしまうことでしょう。

そこでこの本では、「旅先で旅行者が出くわしがちな苦労やトラブル」について、私自身が経験した事例と対処法を各章で紹介していきたいと思います。もしみなさんがトラブルの具体例を予め知識として持っていれば、旅立ちに際して対策を練ることもできるし、実際にそれに出くわした時にも冷静でいられるかもしれません。

「旅のトラブル」なんて、そんなものは無限にあるのではないか？と思われる方もいるでしょう。

でも、実は「旅先のトラブル」というのは、いくつかのパターンにまとめられるのです。例えば「中国の長距離バスで目的地に着き、荷台から荷物を降ろしたらバックパック全体に**謎の緑色の粘着質な液体**がねばりついていて、ショックで失神しそうになった時のメンタルの立て直し方」とか、「ジンバブエの辺境で有り金全部盗難に遭い、警察に駆け込んだら『**山奥に予言者の婆さんがいるから、泥棒の居場所を占ってもらって来い**』と命令された時の正しい返事の仕方」とか、「ニカラグアの安宿で全裸でシャワーを浴びていたらなんか足の甲がチクッとしたので見てみると、**ゴキブリが足に噛みついていた時**のパニック回避方法」とか……。そうやって例を挙げて数えていくと、旅のトラブルなんてせいぜい2800万種類くらいにまとめることができるんですよ。**多いなっっ!!!**

まあ、1冊の本ですべてのトラブルを書き切ることは到底できませんが、今回は特に「遭遇する確率の高いトラブル」を厳選し、著者の体験談をお伝えしたいと思います。海外旅行初心者の方、これから一人旅デビューしてみたいという方は、ぜひこの本を読んで予習をしてみてください。

目次

1

旅先での病気は地獄❶

〈アメリカ〉

それは、私の生まれて初めての海外一人旅、その旅先での出来事であった……。

私は今、ものすごーーーーく、お腹が痛い。

うっ。いいっ、いぢぢぢ……(涙)。

なにが恐いって、**原因に心当たりがまったくない**ところだ。

およそこの世の腹痛というのは、「あれがお腹に悪かったんじゃないかなあ?」と、多少なりとも自分で理由が思い当たるものではないか。例えば「屋台で不衛生なものを食べた」とか「生理痛」とか「天下一武道会の試合中に巨大化して見せたら対戦相手の孫悟空が口から飛び込んで来てお腹で暴れ回った」とか「幕末の志士武市半平太《たけちはんぺいた》の真似をして腹を横に三回切り裂く三文字切腹を試みた」とか、そういうなにかしらの心当たる事由があって、お腹というのは痛くなるものではないか。そして原因がわかっていれば、「トイレで出し切ってから安静にする」とか「ロキソニンで痛みを抑えつつ生理が終わるのを待つ」とか「**孫悟空を吐き出す**」とか「**介錯を頼む**」とか、対処方法もわかるというものだ。

ところが、この腹痛は、本当に一切心当たりがないのである。私は生理痛はひどくないタイプだし（そもそも生理が来ないタイプなの）、鏡で確認しても巨大化も切腹もしていない。残るは「変なものを食べた」という可能性だが、ここは先進国なので食事の環境は悪くないし、なにより**全然お腹を下していない**のである。

これまで自分の人生の中では「腹痛」と「下痢」は常にワンセット、「お腹が痛くなったら下痢になる」というのは、「雷が鳴れば夕立が来る」「柴犬をひっくり返すとくしゃみする」と同じような、当たり前の法則だと思っていた。しかし今回に限っては、お腹は痛いのにトイレに行きたくならないのだ。だからスッキリして痛みが和らぐこともないし、原因不明という点が不安を煽って恐さ百倍である。

いったい私のお腹の中でなにが起こっているのか。もうすぐ腹を食い破って**ピャギャーーーーッ**!!!と吼えながら**エイリアンの嬰児《えいじ》**でも飛び出して来るのではないだろうか？　たしかに、ここはラスベガス……。ＵＦＯの目撃情報が多発し、米軍が宇宙人の研究をしていると噂される「エリア51」のあるネバダ州だ。ひょっとしたら私もここ数日の間にＵＦＯに吸い込まれ、人体実験が施された上で解放されていたのかもしれない。たしか一昨日くらいに、黒いスーツにサングラスをかけた全身黒ずくめの２人組を見た記憶がある。もしかしてあれは、私の記憶を消しに来たメン・イン・ブラックだったのでは……！　いや、違うか。あれはユニバーサルスタジオハリウッドのミニステージで歌っていたブルース・ブラザーズか。そういえば一昨日一人でユニバに行ったんだった。紛らわしいなまったく。

うぐぐ……痛い……フシューーッ、**フシュシューーーーッ**（痛みと体内のエイリアンの影響で呼吸が激しく乱れる音）!!

ここは、アメリカ合衆国、ネバダ州ラスベガス。

私のバックパッカーデビューとなるアメリカ1ヶ月の旅、その旅の最終訪問地に決めたのがここラスベガスだ。引きこもりの自分が初めて海外ひとり旅をやり切ったご褒美として、最後にこのゴージャスな大×5観光地で、セレブリティな滞在を堪能することにしたのである。

宿もそれまでの小汚いユースホステルからホテルへ格上げし、ここ「ストラトスフィアホテル（Stratosphere Hotel & Casino）」を拠点に連日カジノにショーにグランドキャニオンツアーにと、残った予算をすべてつぎ込み**CMの中の高須院長くらい豪遊してやるぞ!!**

と意気込んでいたら、ホテルへチェックインした途端腹痛で身動き出来なくなった（涙）。

ぐぬぬぬぬ……。

うひゃひゃひゃひゃ……。

痛いなっ‼　なんでこんなところで痛くなるんだよっ‼　今まで貧乏旅行だった分、ラスベガスでは大盤振る舞いで旅をエンジョイしてやろうと思ったのに！　ここまで大変だったからこそ今日からは遠慮なくはしゃごうと思ったのに‼　来るんならもっと早く来ればよかっただろテメエ腹痛‼　なんでわざわざ幸せのピークのタイミングを狙って出て来るんだよ!!!　**幸福の絶頂にいる人間こそを一気に叩き落とすことが趣味なタイプかっ‼**

週刊文春かおまえはっっ!!!　この悪趣味野郎っ!!!

……………。

ふーー……、ふーー……。

いだだだだだだっ（涙）!!!

ひとつ、特徴がある。それは、痛みが引いては寄せる、波があることだ。ズンズンという痛みが少しずつ引いていき、「おや？　痛みが消えた？　やっとどっか行った？　あー、しんどかった。もう戻って来ないでねお願いよ」と安心すると再び姿を現し**ズンズンズンズーン！　ぎゃー痛い（涙）!!**　と泣き叫ばされることになる。

なんだかこの感じ、数年前うちに来ていた**ストーカーさん**にそっくりですね。私の部屋のドアをドンドンと叩き続けていたあのストーカーさんも、私が震えながら息を潜めているとだんだん静かになり、「おや？　気配が消えた？　やっとどっか行った？　あー、恐かった。もう戻って来ないでねお願いよ……」と安心すると再び姿を現し**ドンドンドンドンドンッ!!!　ぎゃー恐い（号泣）!!**　と泣き叫ばされたものだ。

幸いストーカーさんの方は高井戸警察署生活安全課の傲慢なお巡りさんに注意をしてもらったら鎮まったが、きっと腹痛はいくら高井戸警察署から強く言ってもらっても、一筋縄では止まらないのではないだろうか。試してみようにも、都合の悪いことに高井戸警察署はちょっと遠いし。高井戸じゃなくてラスベガスだもんここ。

……………。

こうなったら、寝るしかないな。いだっイダダダダダ……痛いいいい痛いよお。

寝るぞ!!　もう22時だ。良い子は寝る時間だ。そして私は良い子だ。ならば私は寝る時間だ（三段論法）。

腹痛の波は数十秒おきで、一度「アイルビーバック」と言って去った痛みが戻って来るまで間隔は2～30秒くらい。つまり、腹痛と腹痛の間に数十秒間、痛みのない無痛インターバルがあるのだ。それなら、一の波が来て激しく痛み、それがいったんスーっと引いて穏やかな凪の間、**二の波がやって来る前のその数十秒の隙に**素早く眠りについてしまえば、それで今宵の痛みとはおさらばだ。痛みもストーカーもこちらが困っている姿を見たくて張り切りやがるわけだから、ひと晩8時間もノーリアクションを貫けば、嫌がらせ甲斐がないということで朝方にはいなくなっているに違いない。

よし、波が来るぞ。来た……いだ、**イダダダダダ……あああいだいよお、いだい、いだいっ、ぐううううう**（**お腹を抱えてベッドにうつ伏せ**）。

ふうっ、ふうっ、よし、また少しずつ、痛みが、引いて、行くぞ……。よし………、**消えた!!** 今だっ!! 寝るんだこの隙に!! 我こそは即就寝の即身仏!! アイアムすぐ寝る野比のび太!! おやすみさよならまた明日!!

ぐーぐー。

すやすや。

ZZZZZZ……。

ZZZZZZZZZZ……。

…………。

……。

いっ。

いいっ。

いでででででえええええ〜〜〜っ!!!

痛いっっ!!　お腹が痛いっ！　やっぱ無理!!　たった数十秒で寝付くなんてそんなの無理!!　**よく考えたら俺は普段からめちゃめちゃ寝付きが悪いんだってーのっ!!!　もともと睡眠導入剤を服用しないと寝れない体質なの俺は！　日本では毎晩非ベンゾジアゼピン系睡眠薬のゾルピデムとベンゾジアゼピン系睡眠薬のブロチゾラムを併用してそれでなんとか寝付いているのっ!!!　数十秒やそこらで寝付けるような健康体だったら誰も北千**

住の睡眠障害専門クリニックなんて通わないってーのっ（涙）!!!

…………。

では、寝るのは諦める。だって寝れないんだからいだっ、**いだだだだだだ!!**　ああ、腹痛様……どうか御心を安んじたまえ……いたい。

こうなったら、プランBだ。プランB名付けて、「**興奮で痛みを吹き飛ばす作戦**」である!!説明しよう。そもそも痛みなどというものは、末梢神経から大脳皮質に伝わるただの信号にすぎないのである。つまり、痛みを生み出しているのは我々自身の脳なのである。オー脳!!であれば、脳に別の活動をさせてやればよいのだ。脳を興奮でいっぱいにして、ある種の混沌状態へ導いてやれば、信号も目的地を見失い痛みの居場所などなくなってしまうに違いない。

ということで、プランB実行のため私は一旦服を着て、部屋を出るとホテル1階の売店へと向かった。ターゲットは……、アメリカの、**本場のエロ本**である!!

幸いブツはすぐに見つかった。Tバックのプレイガールが表紙から悩殺して来る雑誌をレジへ持って行くと、店員の白髪のおばちゃんが私を見る目は「やれやれ。いい若いもんが、はるばるラスベガスまで来て夜中にエロ本かい。あたしの死んだ旦那はねえ、あんたくらいの歳には毎日ベトナムの前線で生きるか死ぬかの瀬戸際だったんだよ。それが今の若造は戦争の苦労も知らず、海外に渡ったと思えば股間を押さえてスケベな雑誌漁りかい……。世の中どうかしちゃったのかね……」という軽蔑の色を帯びていた。

違う。**違うんだおばちゃん(涙)!! 俺は単にスケベ心でエロ本を買っているわけじゃないの!! これは興奮の力で腹痛をはね飛ばそうとする、プランBの作戦なの!! エロじゃなくて、治療なの!! 医療行為なの!!! それに、股間を押さえているわけでもないの!! お腹が痛いからお腹を押さえて前屈みになっているだけ!! やらしい気持ちなんてこれっぽっちもないんだから!! 信じてよおばちゃんっ!!!**

……というわけで鎮痛用のエロ本を購入し部屋に駆け戻った私は、目にも止まらぬ速さで包装のビニールを引きちぎり、ページをまさぐった。

こ、これは。

すごいっ……、**まる出しやんけっ!! おほおっ!! すげぇ〜〜やっぱパツキンのネエちゃんはエロいのぅ!! 体がスケベやのう!! 男に飢えてるボディって感じやのう!!! そりゃ興奮もするでっ、やらしい気持ちはなかったけど**

あんたがそんな淫らな格好しとるんやもん！　あんたが悪いんやん!!　そないなドエロい体つきで誘って来るんやもん!!　そらスケべな目で見られて当然やでネエちゃんっっ!!!　※注……本文中、今日《こんにち》の社会通念や人権意識に照らして不適切な表現がございますが、旅行当時の時代背景や本書の文学的価値を考慮しそのままにしておりますことをご了承ください。

はあ〜〜〜、**えぇのぉ〜〜〜パッキンええの〜〜〜っ（涎）**。

うしし、これなら目論み通り、興奮で我を忘れて痛みも忘れるわい！　ワイの脳はスケべでいっぱい、もう痛みなんかが割り込む隙はないんやでぇ〜〜〜これでもう腹痛なんぞに悩まされることはないんやでぇ〜〜〜〜〜〜〜〜えへえ〜〜〜〜〜〜いひい〜〜〜〜〜いい〜〜〜〜〜〜**いだだだだだだだだだだだだだだいだだだっっ!!!　きょえ〜〜〜〜〜〜〜痛いっっ!!!　お腹痛いっ（涙）!!!**

痛いです。ダメです。治りません。痛い。痛いよお〜（泣）。

どうなってるのっ、プランAもプランBもダメだなんて。**もうプランがないじゃないっ（号泣）!!!**

あああああ……。いいいいうううう痛いよお。

本当に理由がわからない。何度トイレに行ってもまったくお腹は下っていない。お腹が下っていないということは、旅で罹りそうな食中毒でも腸チフスでも腸炎でもないということ。それなのにお腹が痛いだなんてっ。

痛みってのは「この部分の具合が悪いですよ」と知らせてくれる、体からのサインなんでしょ？　**具合が悪いのはもうわかったよ！　もうちょっと具体的にどの部位がどういう原因で悪いのかを教えてくれよっ!!　現生人類が地上に現れてもう25万年も経ってるんだぞ!!　もうそろそろ痛みも「病巣が発光して病名が皮膚にデジタル表示される」くらいの進化を遂げてろよっ!!!　このIT時代にただ漠然と患部の周辺が痛いだけってなんだそのアナログさ!!!　もっと時勢に敏感であれよ!!!　この怠け者!!　いだいっ!!　うおっっっ!!**　いいいいひいいいぐ……くくくく……。

0時になった。

腹痛の波が来るともはやなにも考えることができず、ただ空気をフーフーと吐き、脂汗を流しながら波が引くのを待つのみである。

また、痛みが引いた。

私はうつ伏せのまま蜘蛛のように四肢をシュタタタと動かし、ベッド脇まで這うとバックパックから海外旅行保険の保険証書を取り出した。そして次の波が引くのを待ち、部屋の電話に取り付くと、外線から保険会社の緊急連絡先番号をダイヤルした。

長めの呼び出し音の後、受話器の向こうから……、頼もしい日本語の声！

「はい。◯◯保険カスタマーサービスセンターです」

「こ、こんにちは……！　私、保険契約者なんですが……、今アメリカのラスベガスにおりまして……お、お腹がものすごく痛くてですね……、それでお電話させていただいたのですが……」

「具合が悪いんですね？　大丈夫ですか？」

「え……、大丈夫ですかって？　えっと、ちょっと考えてみてください。今、夜中ですよね？　もし僕が自分で大丈夫だと思っていたとしたら、わざわざ夜中に海外旅行保険のカスタマーサービスセンターへ電話をかけて『お腹が痛いです』なんて訴えると思いますか？　ええ？　**大丈夫じゃないからこんな夜中におたくに電話かけてるんでしょうがっ!!　そのくらいわからないかねあなたっっ!!!**　…………というのは心の声でして、実際そんな横柄なことを言うわけにはいかないので、そうですね**あんまり大丈夫ではないです**（**現実の声**）」

「アメリカのラスベガスですね。今そちらは午前1時ですよね。どうでしょう、朝まで我慢できそうですか？」

「え……、朝まで我慢できそうですかって？　えっと、ちょっと考えてみてください。今、午前1時ですよね？　もし僕が自分で『朝まで我慢できそうだ』と思っていたとしたら、わざわざ夜中の1時に海外旅行保険のカスタマーサービスセンターへ電話をかけて助けを求めると思いますか？　ええ？　**とても我慢できそうもないからこんな時間にわざわざおたくに電話かけてるんでしょうがっ!!!　そのくらいわからないかねあなたっっ!!!　ええっ!?**　…………というのも心の声でして、**えーいこの心めっ!!　失礼な言動は慎まんかっ!!　ビシッビシッ**（**体罰**）**!!**　あ、すいません、えっとそうですね**我慢できそうもないです**（**現実の声**）」

「そうですか。では訪問診療をしているドクターをそちらのホテルまで派遣しますね。電話を切ってしばらくお待ちください」

「おおっ、ありがとうございます……待ってまーす……」

…………。

良かった。万が一のために保険に入っておいて良かった……。

まさにここが海外旅行保険の使い時。発展途上国であれ先進国であれ、海外に行くなら万が一のために旅行保険には加入しておいた方が良い。そう考え申込んでおいて大正解だったが、それにしても初めてのひとり旅で万が一の状況になってしまう私という人間が私は憎い。まさか一度目で万が一になるなんて……万分の一の確率なのに……。くそ、旅を邪魔しやがってこの腹め！　**憎い！　おまえが憎いっ!!　ドスッドスッ（パンチ）!!**

そして30分後。

ピンポーン。

「Hello. I am a doctor. Are you Sakura?」

「い、イエス！　アイアム、僕がさくらです。お腹の痛いさくらです。こんな夜分によくぞ来てくださいました」

保険の担当者さんがすぐ連絡を取ってくれたようで、30代くらいのダンディな白人さんドクターがやって来た。みなさん、私のためにありがとうございます。

「アーユーオーケー？　ファットハップンド？」

「いえ、オーケーではないです……。えっと、とりあえずお入りください。どうぞこちらへ。**あっ！　ばばばばっ**（Tバックの悩殺プレイガールを必死で荷物の下へ隠す）」

「ユーハブ、ペイン？」

「ペイン？　……あ、そう！　イエス！　アイハブア ペイン！　お腹がすごく痛いんです！　ここがペイン！」

ドクターを招き入れると私はベッドに座り、お腹を押さえてイタイイタイのポーズを取った。ドクターは少し私のお腹に触りつつ、質問を投げかけてくる。

「ペラペラペラ、ペラペラペラペラペラペラ、ペラペラペラペイン？　ペラペラペラペラペイン？　オア、ペラペラペラペラペラペイン？」

……………。

なに言ってるか全然わかりませんな……（涙）。

僕、英語まったくダメなんですよね……。日本語は日常会話程度ならなんとかこなせるけど、英語は全然ダメなんです……。

多分「どんな感じの痛みか？」と問われている気はしますのですが、どう答えればいいのでしょう。「しくしく痛い」とか「キリキリ痛い」とか「ズーンと痛い」とか、そういうのを英語で言わなきゃいけないの？　うう、難しい。わかんない。こんなことなら学生時代に英語の授業をもっと真面目に受けておくんだった……。でもしくしくとかキリキリとかズーンとなんて、英語の教科書に載ってたっけな……。……………。

「ペインペイン!!　ペインっっ！　キリキリペイン!!　シクシクペイン!!　ペインがズーーンッ（涙）!!」

「オ、オー、Hmmm…」

言葉はまったく通じなかったので、ドクターはフムムと呟きながら私の腹を触診したり観察したり聴診器をあてたりと、いろいろいじくっていたがやがて荷物をまとめ、帰る準備をし始めた。

「ペラペラモーニング、ナイン、ジャパニーズゆきこ、コールユー」

「ナイン？　コール？」

「イエス。グッバーイ！」

ダンディに別れの言葉を告げると、ドクターはわずか15分ほどの滞在を終え早々と去って行った。なんの処置も施されていない病人をただ一人部屋に残して（涙）。

おそらくこういうことだろう。朝の9時に、どうやら「ゆきこさん」が、ここに電話をくれるのだ。ゆきこさんというくらいだから日本人なのだろう。ドクターはきっと私とは言語を使った人間的なコミュニケーションは不可能だと断じ、通訳の方を手配してくれたのでありましょう。

しかし……、今はまだ夜中の2時。9時まで、7時間。私はこの痛みに7時間も耐えられるのだろうか？　1分に1回痛みが来るとして、7時間だと420回のお腹痛《ふくつう》。お腹……、がんばってっ。

次章へ続く。

2

旅先での病気は地獄❷

〈アメリカ〉

痛い……お腹が痛い。アイハブアペイン！　ものすごくペイン!!　……ウーー！　ペ
インパイナッポーアッポーペインッッ（涙）!!!
…………………。

夜は長い。いや、たとえ眠らない街ラスベガスといえども、既にベッドの中で穏やかな眠りに落ちている人々にとっては、今日のこの夜など記憶にも留まらない刹那の時であろう。

だが、こうして苦悶の渦中に身を置くとよくわかる。夜というのは本当は長いものなのだ。なにしろ一晩あれば**木下藤吉郎が墨俣《すのまた》に城を造ってしまう**くらいである。それだけ実は夜というもののポテンシャルは高いのだ。昼と同じくらい、実は夜というのは長いものなのだ。こっちが夜の間どっかでは昼なのだから当たり前だ。

ひと晩あれば城ですら完成してしまうのだから、もし私のお腹にエイリアンがいるとすればきっとこのひと晩で、卵から思春期を経て成虫まですくすくと育つことができたことだろう。あとは思い切って外の世界に飛び出すだけだね！　さあ思い切って、周りを覆う壁を自分の力で食い破って！

腸が凧糸でソーセージのようにぐるぐると巻かれ、その糸を左右から小さいエイリアンたちがオーエス！　オーエス！と引っ張り合っているような、そんな猟奇的な腹痛をごまかそうと部屋を出て夜中にラスベガスの街を歩き回り、これまでがんばって節約して残しておいた旅資金をカジノで10分で溶かしたりしながら（キミはバカね）、なんとか私は朝日をまた見ることができた。

9時。

トゥルルルルルルル**来たあっ!!**　ガチャ

「もしもしっ！！」

「あ、もしもし？　さくらくんですか？　私、通訳のゆきことという者ですが。今どんな具合ですか？」

「いやそれが、かくかくしかじかこうこうこうで（涙）」

まったく回復の兆しを見せぬエンドレスペイン。その苦しみ悲しみを切々と伝えると、では今からタクシーで郊外の病院へ来るように、エマージェンシールーム……略してERの待合室で待っているからと、電話口の救世主は的確に指示をくださった。**ああ言葉がわ**

かるって、未曾有の感激。

電話を切った私は光の速さでタクシーへ乗り込んだ。

10分ほど走ると砂漠からドカンと現れたのは、巨大な「Mountain View Hospital」。見たところしっかりした総合病院、何棟かある建物も期待の持てそうな重厚感だ。お願いします……どうかこのエンドレスペイン、治してくださいますように……！　エ〜〜ンドレ〜スペイン〜〜〜（X JAPAN：Toshiの音色で）（涙）

書いておいたメモを運転手さんへ見せると、ERの入口で降ろしてくれた。

「ハーイ、さくらくんかな？」

「あっ、ゆきこさん!?　そ、そうです！　僕です！　桜は散ってもさくらは満開♡　夢は必ずサクラ咲く☆　静岡県出身25歳、さーちゃんことさくら剛です♪　**お腹いたあああいっ**（**涙**）**!!!**」

ERの待合室、長きに亘る痛みのせいで狂い咲きの様相を呈して来た変なさくらに声をかけてくれたのは、おそらく10〜20歳ほど私より年上と思われる日本人のおばさま、ゆきこさんであった。

「私も今着いたところだけど、電話で話はしておいたからすぐ対応してもらえるわよ。じゃあ行きましょう」

「イエスマスター!!　なんという手際のよさ！　およよよよ(号泣)」

よかった……これで助かる……くうう……ぐへえっ痛い。

ゆきこさんに導かれてのそのそと診察室へ向かう間も荒波は腹部を襲い、私は30秒歩いては30秒停止してじっと痛みを堪えるという、**一人だるまさんが転んだ状態**であった。

通訳してもらいながらドクターに経過を話し、別室のベッドに寝かされるとそこで諸々の検査を受けることに。

もう大丈夫だろう。ここは先進国の総合病院だ。ちょいと調べてポコーンと一発注射でも打ってもらえば、私はすぐにでも元通り元気に……ネットでよく見かける「**最近、旦那が元気すぎ……！」的な広告で言及されているサプリを飲んだ旦那くらい**、あの頃の元気をビンビンと取り戻すことができるだろう。

血液検査をして、1.5リットルのバリウムを必死で飲みCTスキャンで輪切られて。痛み止めの点滴を刺し。

………………。

そして、病院に着いてから**10時間が過ぎた**。

んんん。おかしいなあ……。特に検査結果も告げられないまま、また夜になってしまったよ。時折ゆきこさんは顔を見せてくれるが、なんだか病院側は患者がいっぱいで立て込んでいるご様子。

まあホテルに一人でいることを考えれば遙かな安心感はあるけれども、あんまり長く放置されても困るというか。痛み止めの点滴は打ってもらっているけど、**ぶっちゃけ効いてないし**。薬のせいで頭はかなりボーっとした状態なのだが、痛みの信号だけはしっかりキャッチしている。ERで投薬してもらってるんだから効くに違いないと思い込んでいたけど、**冷静になってみると痛いから**。さすがにそろそろ遠慮なく言わせてもらうよ。**効いてないこれ!! ただ頭がボーっとするだけ!! もう痛いっ(涙)!!! いだだだだだだだっっっ!!!**

病院のERほどのところが「頭をボーっとさせて痛みを吹き飛ばす作戦」を使い、なおかつ失敗しているだなんて。これって僕が「エロの興奮で痛みを吹き飛ばす作戦」を試みて失敗したのとたいして変わりないんじゃないの？　ERには、せいぜいエロと同じくらいの効果しかないの？　ERとエロは同じ？　ERって、**エロの略⁇**

あっ、ドクター来た。

アメリカというより南米、ラテンの血を感じさせる顔つきのドクターが、なにやら検査結果の書類のようなものを持ってやって来た。もう、こんな夜分になに用ですか？　なんですかその検査結果の書類みたいな書類は？　検査結果の書類ですか？　なんですかもうこんな時間に。**えっ検査結果っ⁉　遂に!!!**

とうとう進展だ。ロドリゲスドクター（印象で私が勝手に命名）は書類をめくりながら、丁寧に説明をしてくれる。そうか……な、なんと私の体はそんなことになっていたのか……

……**ってなに言ってるか全然わからねーっ（涙）**。

ふむふむと納得顔で説明を聞いていたのはゆきこさんだ。頼もしいゆきこさんはすぐに日本語へ変換して伝えてくれる。Google翻訳では出せない正確さで。

「やっとCTの結果が来たんだけどね、これを見ると多分、**盲腸かなにかだろう**って。ドクターが言うには、ハッキリとはわからないけど、たしかに腸の辺りになにかが見えるそうなの」

「な、なにかですか……」

なにかってなんだろう。**エイリアンかっ!!!**　それとも妖精？　それともぎょう虫??　木下藤吉郎（後の豊臣秀吉）??

「それでね、このまま日本に帰ってもいいんだけど、どうせ放っておいて治るものじゃないし、これから手術をしたらどうかって」

ドカーーーーーーーン!!　手術!!

手術……ああ、手術……。手術って、なんでしたっけそれ……切ったりするんでしたっけ……。痛いのはイヤですよぉぉ。痛いのを治すためにもっと痛いことをしなければいけないなんて、そんな理不尽なっ。毒を以て毒を制すの考え方ですか？（多分違う）

しかし……、たしかにロドリゲスドクターの仰る通り。帰るっていったって、このエンドレスペインに耐えながらさらに何日か待ってそれから飛行機に10時間以上乗って日本に戻りそれから病院に行って検査からもう一度やり直すのなんて、絶対無理だ。誰がこの状況で手術の提案にノーと言えようか？　ましてや私はノーと言えないことでおなじみの純日本人なのだ。

「わ、わかりました……。先生がそう仰るのなら。えっと要するに僕は、盲腸ってことでいいんですよね？『虫垂炎』っていう奴ですよねつまり？」

「盲腸かなにか、だそうよ。ちゃんとしたことは**開けてみなきゃわからないっ**て」

「あ、そうなんですね」

……………。

俺の腹はつづらの中身か？

開けてみなきゃわからないって!!　舌切り雀のくれた大小のつづらじゃないんだから!!　そう簡単に言わないで欲しいな、つづらより開けるの大変なんだから。つづらと違って僕の腹はお肉で溶接されてるのよ!?　**だって大事な物がたくさん入ってるんだから!!!　命に関わる貴重品たちがっ!!!**

人間の英知はこういう時につづらを開けないでも中身がわかるように発展して来たので

はなかったのか？　私は非破壊検査業界を過信していたのかもしれない……だって**1番破壊して欲しくないもの**（**我が肉体**）を、破壊しなきゃ中がわからないって言うんだもの……。開けないとわからないいんだったらさっきのCT検査はなんだったのよ……。

ともあれ手術を承諾すると、すぐに担当が決まったらしく先生方が順番に挨拶に来てくれた。執刀は先ほどのロドリゲス先生、助手を務めてくださるのが若い白人男性とアジア系の女性。とってもワールドワイドですね……世界が注目する発掘って感じです……そして患者を安心させるためにわざわざみんなで挨拶しに来てくれるのは感激です。

最後に看護師さんが数枚の契約書のような紙を持って来て、ゆきこさん経由で私に渡して去って行った。

「ん？　これって手術の同意書ですか？　にしては何枚もありますね」

「うん、1枚は手術だけど、他のは**臓器提供の同意書**よ。万が一のことがあった時に、臓器の提供を申し出るかどうかっていう書類ね」

「**なにをぱらっ!!**　ちょっと待ってください。万が一のことって……つまり、手術中に死んだらってことですか？」

「まあ、万が一よ。手術の時はみんなに書いてもらう書類だから。内容を説明してあげるわね」

うぬうっ。万が一ってなによ‼　恐いじゃないのよ‼

だって僕は、万が一のために海外旅行保険を契約したら一度目の旅行で万が一の状況になってるのよ？　**万が一になりやすいタイプなんですす僕はっ‼　ここで万が一のための書類を書いたらまた僕は万が一になってしまうのではないですかっ!!!**

「臓器の種類ごとに提供の可否を意思表示しないといけないの。まず角膜……、眼だけど、これはどうする？」

「ううっ。はい。じゃあ、提供します……」

「次は小腸と肝臓。これは？」

「ううっ。提供します……」

くそー。俺の臓器は俺のもんだっ。誰にもやらーん‼　と叫びたいところであったが、なんかそんなわがままを言っていると**ドクターに手術で手を抜かれそうな気がした**ので、きっとドクターも喜んで臓器を差し出すくらいの博愛主義者な患者の方を全力で助けようという気になるだろうから、不本意ながらも我が身かわいさに臓器提供に同意することに。我が身がかわいいからこそ、かわいい我が身を守るためにかわいい我が身を差し出すのです……。大事の前の小腸です。

「じゃあ次は、心臓。心臓はどうする？　いい？　やめとく？」

「ああ、心臓はっ。心臓はどうしても、大事な物ですから、心臓だけはっ……！」

「それじゃここは不可にしとくわね。眼と肝臓と小腸、脾臓がＯＫってことで」

「はい。そのラインナップでお願いします……」

うーむ。ホルモン屋さんで注文してるんじゃないんだから。にしても、万が一の時はもう死んでるからいいはずなのに、なんか**心臓だけは勿体なく思えてしまう**のが我ながら意味不明な感覚だなあ。

一度手術が決まればそこからは早く、すぐにストレッチャーに乗せられ私は手術室へと運ばれた。カジノにショーにグランドキャニオンツアーにと豪遊するつもりだった私のプランはすべて砂漠の蜃気楼になったけれど、でも、その代わりアメリカの本物のＥＲに営業中に入って行き、しかも手術体験までできてしまうなんて……、これはこれでプライスレスな観光なのではないだろうか。とまあそれは後から振り返って思ったことで、まさにこの時手術台に乗せられている私は、チーターに頚動脈をしっかり確保されたシマウマのような、「僕……**死ぬんだね**……」というあらゆる負の感情を取り込んだ不憫な目をしていたことでしょう。

口を覆う呼吸マスクと、腕の針から麻酔が投入される。ああ、生まれて初めての手術……生まれて初めてのひとり旅で……**なぜ**……（**涙**）。これが手術室か……まあ馴染みはあるよね……ドラマの「コード・ブルー」とか「医龍」とか病院もののエロ動画（略してER動画）とかでよく見てるからさ……でもまさか、そこに自分がね……恐い……助けて……

……。

はっ!!　パッチリ（起きた）

……………。

あれ？

ここはどこだ？　……ん？　俺、ベッドに寝てるぞ？　どうして？

たしか俺、お腹が痛くて病院で手術を受けることになったと思うんだけど……ラスベガスで……。でも、お腹痛くないし、手術中でもないし。

もしかして……、**夢？**　あれは夢？　腹痛も手術も全部夢??　**なんだよ〜〜〜夢かよ〜〜〜マジで恐かったよ初めてのひとり旅でERで手術なんて〜〜ああ夢でよかった〜〜ああ〜〜うう〜〜うううううおおおおおおお痛い痛い痛い痛い痛いいいだいっっっっ（号泣）!!!**

…………………。

見回してみると、ここはホテルの部屋ではなく、病室であった。そして隣の椅子にはゆきこさんが座っている。

「あ、気がついた？」

「あ、あれ？　おはようございます。あれ、手術は？」

「無事終わったって。今は夜の12時よ」

……………。すごいな。全身麻酔ってこんな感じなんだ。手術室で「麻酔するよ」って言われて、そこから見事に時間も空間もワープ。一瞬死んでたんじゃないかと思うような意識の飛び方だなあ。

「やっぱり盲腸だったって」

「おお！　やっぱり盲腸でしたかああ。よかった……」

はあああよかったあああああ……原因がわかってよかったあああああ……。本当に心からよかった……。初めてのひとり旅で盲腸にかかってしまうということはまったくよくないがかかってしまったからには解決して本当によかった……。

ていうか。…………。**お腹が痛くならない**。

1分待っても2分経っても、お腹が痛くならない!!　痛くないお腹が遂にアイルビーバック!!　やっぱり盲腸だったんですね!!　盲腸の手術をして痛みがなくなったんだからそれは紛れもなく盲腸ってことです!!　盲腸だなんて、もうちょうがないなあ〜〜あは〜〜嬉しいよ〜〜もう今の僕は脳内妻（二次元）に「最近、旦那が元気すぎ……！」って言われちゃうくらい元気だね！　もう明日からは元気ビンビンにラスベガス観光ができちゃうね〜ウレピ〜〜〜って**イダダダダダダダダッ（涙）!!!**

「くくっ……(痛みで声が出ない)」

「まだ動いちゃダメでしょ。切ったばっかなんだから」

「そ、そうでした……」

たしかに、じっとしていればもうあのキリキリしくしくエイリアン痛が襲ってくることはないが、体を少しでも動かすとズッキーーン‼と別件の痛さに襲われる。それもそうだ。今しがたお腹を破壊検査してちょっと内臓取り出したばっかりなんだから。

少し上着をめくって見てみると、ヘソ上の傷口を覆うテープは染み込んだ血液で膨張し、直下に血の泉湧く深い切り口があることを想像させる。ひとつの傷口は小さいようだが、他に股間上部とその左側、合計3箇所に同様に血で膨らんだテープが貼られている。どうやら1箇所ではなく、3箇所に小さな切り込みを入れてアプローチする術式だったらしい。

小さい傷とはいえ、それぞれが内臓に達する深さまで切られているので、少しでも動いた時の痛みは猛烈である。おかげで自ら腹を3回かっさばく三文字切腹を決行した武市半平太さんの凄さが、以前より実感できるようになったよ……。でも武市さんは**健康なのに腹を切ってる**というのがなんかおかしな感じですよね。

血は出ているが意識ははっきりして来たことを確認するとゆきこさんは、「また明日の朝来るからね〜」と夜中の1時に去って行った。ありがとうゆきこさん。一生感謝します。

さて。

その翌日、私は退院した。しかも午前中に。

別に私が映画やマンガの主人公くらい回復が早かったからではなく、ナースにセクハラをして追い出されたわけでもなく、アメリカではそういうものらしい。盲腸、あるいは出産時なども、こちらでは翌日には退院するのが通常だそうだ。

もちろん退院はめでたいのだが、決して傷が治ったから退院するのではなく、**治っていないのに退院させられる**というのがアメリカの乱暴なところである。盲腸で手術をしたら、日本では1週間は入院するではないか。なぜ日本では1週間も入院させられるかというと、1週間は入院していた方がいいからだ。

実際、私は病室から出る時に傷口が痛すぎて**ベッドから起き上がるのに5分、そこから歩いて病室の入り口にたどり着くのにさらに5分**かかった。昨晩0時に私は**お腹を切って**

内臓を一部取り出す手術を受けたのである。お腹に3箇所も、内臓まで達する傷があるのである。がんばって歩いても、**最大歩幅10㎝**。それ以上で進もうとすると痛みで気絶しそうになる。

ホテルへ戻っても、タクシーを降りて部屋に入るまで30分かかった。ラスベガスはどこのホテルも1階がカジノになっているのだが、多国籍の遊戯客で賑わうカジノの真ん中を歩幅10㎝でじりじりと進んでいる私の姿は、周りから見るとなかなかの**異形《いぎょう》のもの**として映ったであろう。いや、もしかしたら、理解ある外国人からは「あらこの人、妙にゆっくり歩いていると思ったら、日本人？　もしかして彼は、ラスベガスに居ながらにしてジャパニーズトラディショナルカルチャー、**能の動き**を体現しているのでは⁉　オー能！　ワンダホー！　ビューティホー‼」と賞賛の拍手をもらえるかもしれない。どうせなら扇子でも持って来ればよかった。畳んだ扇子を前方に突き出して「**そろり〜！　そろり〜！**」と発声しながら行進すれば、いくらか投げ銭が飛んで来て治療費の足しになったかもしれない。

結局、私はラスベガス残り2日をひたすらホテルのベッドで寝て過ごし、手術の3日後に長距離バス・グレイハウンドで5時間かけてロサンゼルスへ移動。さらにその翌日、早朝から飛行機に12時間ほど乗り、日本へ帰国した。**日本の基準ならまだ余裕で入院しているはずの期間に、**私は一人でバックパックを引きずりバスと飛行機を乗り継いで、ラスベガスから日本へ帰ったのであった……。

…………。

以上が、私が初めてのひとり旅で初めて突き当たった、旅の大きなトラブルである。最初に述べた通り、旅とはトラブルの連続。SNSで映えている旅写真なんて、氷山の一角、掃き溜めの鶴。あのセレブな友人も有名ブロガーも、ネットに載せている優雅な瞬間以外はずっとこんな具合で苦しんでいるのである。誰だってそう。海外旅行なんて、**ほんの一瞬の撮影タイム以外はずっと腹痛**だからね。**9割以上の時間は悶絶、1割だけは優雅、**それが旅というものだ。本当だ。9割増しで大げさに言ってはいるが、本当だ。

これから旅に出る人たちに私がアドバイスしたいのは、月並みではあるけれど、海外に行く時にはなにがなんでも海外旅行保険に入りましょうということだ。

アメリカから帰国後に保険会社に問い合わせたところ、私の1日の入院でかかった費用は、2万ドル以上。つまり、**200万円を超える金額**が、私の腹痛を止めるために投入されたのだ。それだけの治療費がかかっても、保険のキャッシュレスサービスのおかげで私はタクシー代以外は一切自腹を切ることなく（自分の腹は切ったけどねっ!!）、お金の心配をまったくせずに治療を受けることができた。もちろんホテルまで出張してくれたドクターや、ゆきこさんへの通訳代も、すべて保険で賄うことができた。

もし保険に入っていなかったら……。海外では前払いで料金を支払わないと検査すら受けられない病院も珍しくない。200万円などという大金をポンと払えるわけがない私は、あの時もし保険に入っていなかったら、治療費を稼ぐためカジノで全財産をかけた一発勝負に出て、結果砂漠に埋まる遺骨となっていたかもしれない。

バックパッカーの中には、無保険のため病院にかかれず、旅先で亡くなってしまった旅行者もいる。命も健康も、この世界ではたくさんお金を払える人から順番に助かっていくものだ。万が一のために保障の大きな保険に入っておくのは、自分のためでもあるし、日本で待つ家族のためでもある。

「万が一」は、次の旅に出るあなたの背後にヒタヒタと迫っているのだから……。

3

安宿とトイレのトラブル
〈タンザニア・ジンバブエ〉

一人旅であれ二人旅であれ、バックパッカースタイルで節約旅行をするならば、旅の9割は苦しみの時間であると言ってよい。

……なんて言うと、「そんなわけないだろう！　おまえの偏った意見を押しつけるなよ‼　そんなマイナス思考だからおまえは高校の同窓会にも一度も呼ばれねえんだよっ、**おまえのような年収150万の8流作家は牛丼屋で一人でやっすいビールでも飲んでろやっ‼**」と、反論を受けるかもしれない。えーんえーん（涙）。**言い過ぎだろっ!!!**

たしかに、「旅は苦しみばかりだ」というのが全旅人に当てはまる普遍的な論理であるとは私も思っていない。だって、なにが楽しいか、なにが苦しいかなんて、個人の主観でしかないからだ。世の中の多くの人は痛いことは嫌いだが、まれに裸になってムチでビシバシしごかれたり、**背中に金属製のフックを何本も突き刺して空中に吊られて喜ぶような人**だっている。そういう人たちは世間的には「変態」とみなされるかもしれないが、ともあれみんなが苦痛と感じることを楽しめる特異体質の人は確かにいるのだから、それなら旅だって楽しいと感じる人はいるだろう。

……と言うと、「じゃあ『旅が楽しい』と思っている旅行者は特異体質だって言うのか？　バックパッカーは苦痛を喜ぶような変態ばかりだって言うのかよおまえは!!」と反論を受けるかもしれない。**それはその通り。バックパッカーは変態ばっかりです基本的に。**

だって、バックパッカーがさらに旅をこじらせると、**自転車でアフリカ大陸を縦断し始めたり、リヤカーを引いてサハラ砂漠を越え出したりする**のである。逆にこれが変態でなくてなんだと言うのか。きっと良識ある市民にアンケートを取ってみれば、**自転車でアフリカを縦断するくらいならまだ背中をフックで刺されて吊るされた方がマシだ**と回答する人の方が多いのではないだろうか？　つまり、旅をこじらせたエキスパート旅人ともなれば、もはや変態を越えた大変態の粋に達しているのである。

余談だが、旅をこじらせた旅のエキスパートには、実にいろんな種類の人がいる。実際会ったわけではないが私が旅行中に噂を聞いた旅人として、**側転バックパッカーのマリ子さん**、そして**後期高齢者バックパッカーの初枝さん**という方がいた(2人とも仮名)。

側転のマリ子さんは、**旅行中の移動手段が側転のみ**という、自転車旅行者をも凌駕するストイックな旅人だ。なんでも一度パリでひったくりに遭った際、側転のまま泥棒を追いかけて見事にポーチを取り返したらしい。そして初枝さんは文字通り後期高齢者であり、

80歳手前（アラエイ）のおばあちゃんなのに一人でバックパックを背負って世界を旅しているという。スペインを旅行中に首締め強盗に遭って意識を失ったが、医師団の懸命の治療により一命を取り留め、その後バックパッカーに復帰してアフリカまで南下し旅を続けているそうだ。ちなみに私は「初枝さんと同じ宿に泊まっていた」という旅行者にはエジプトで会ったことがある。なんでも、旅費を貸してくれと頼みこまれたらしい（首絞め強盗にお金を盗られたのだろう）。

まあ噂話には尾ひれがつくこともあるとは思うが、ともかくここまでの諸々の話で、**旅人なんてほぼ変態である**ということはみなさんにも伝わったのではないだろうか。

とはいえ、「苦しみが9割」というのはおそらく登山だってマラソンだって同じなわけで、逆に9割もの時間が苦しいにも関わらず登山をする人もマラソンをする人も旅に出る人もいなくならないということは、それだけ登山もマラソンも旅も、残りの1割がすごく魅力的だということを示しているのではないか。残りの1割がすごく魅力的か、もしくは登山者もマラソンランナーも旅人も**全員変態**であるか、そのどちらかであろう（涙）。

ところで、旅の苦労は数多けれど、中でも頻繁に遭遇するのが「安宿の苦労」だ。宿泊費を抑えれば旅全体の予算を大きく削れるので、長期旅行、バックパッカーといえば安宿に泊まるのが定石となっている。

しかし当然、安宿は設備がイマイチである。一番大きな特徴としては、**シャワーとトイレが共同**であること。たとえ部屋は個室であっても、1泊1000円程度の宿であればまずシャワートイレは他の宿泊客と共用だ。すると、そこでは**普通のホテルに宿泊していたら決して味わえない体験**（**だからと言って別に一生経験しないでもいい経験**）に遭遇することになる。

変態が何人も泊まる安宿は、部屋も変態的な汚さに

その、安宿ゆえ、共同ゆえに生まれるトイレでの経験について、実例を紹介してみたい。

アフリカ・タンザニアのムベヤという小さな町でのこと。

その日、隣国のマラウィから国境を越えてやって来た私は、長時間移動と国境越えの緊張により疲れ果てていた。夕方に1泊500円ほどのみすぼらしい安宿にチェックインした私は、食事だけ済ませるとすぐ部屋に戻り、ベッドに潜って消灯した。

そして数時間後、起きた。夜中1時頃だろうか？

トイレに行きたくなった。まあこれはいつものことで、夜中必ず1回か2回は尿意を催すのは私の体質だ。

私は部屋を出ると暗い廊下をトイレへ向かった。この宿の共同トイレはシャワー兼用の細長い個室なのだが、ドアの建て付けが非常に悪いのが特徴だ。どうも建物が古すぎてドアが歪んでいるらしい。ノブを握って押してみたが案の定、どこかが引っかかっているようで、ガタガタ揺れるだけで開かない。ああオシッコしたい……やばい、もう5滴ほど出ちゃってるよ……これ10滴越えたらパンツ替えなきゃいけなくなるからね。早くなんとかしないと。

が、ここで焦りは禁物だ。

経験の浅い若い旅行者なら、こういう時、怒ってドアを蹴飛ばしたりしてしまうかもしれない。でも、いくらボロ宿だからって、そんなマナー違反は決して許されないのだ。アフリカにいたって安宿にいたってどれだけ焦っていたって、我々は常に紳士的に振る舞わなければいけないのだ。それが旅行者の務めであり、日本のパスポートを持つ旅人の責務なのである。

幸い私は寝る前にもここに来ていたので、もう開け方のコツは把握している。まずドアに体を密着させ、ドアノブを少し持ち上げながら、ひと息にグッ！と体重をかけて押し開ける。叩いたり蹴ったりするのではなく、あくまでマナーに則って、頭を使って論理的に侵入を試みる。これが品のある旅行者の行動だ。これが紳士であり、私なのだ。貧乏旅行で心まで貧しくなっている下品な旅行者とは違うのだ私は。**その辺の変態と一緒にして欲しくないね俺をっ!!!**

ということで、それでは静かにノブを持って……、あれ、なんかますますドアが重いな……寝る前より固くなってるぞ……なんだこりゃ。でも一気に行くぞ、体重をドアに乗せてせーーーの、**よいせーーーーーっ!!　ズガガガガ!!**

ほりゃっ開いた！

あれ、電気がついてるね！　なんか人の気配もするしあれっなんだっ？

「ノーーーーーーーッッ!!!　ヘイッッ!!!　ファットアーユードゥーイング!!!　アーユークレイジーー!?　ゲットアウトペラペラペラペラペラペラペラペラペラ!!!」（白人女性が必死にパンツをずり上げながら）

……………………。

ひえ〜〜〜〜〜〜〜〜〜〜〜〜〜〜〜っ（涙）!!!

「ご、ごめんなさい！　知らなかったんです入ってるなんて!!　はいっ、出ますから、アイムベリーソーリー!!　グッドナイト!!」

ズガガガガ（しっかりドアを閉める）！　ぴゅーーーー（部屋へ逃げ帰る）！　ゴガンッ、

ズズズズゴゴゴゴ（**部屋のドアも建て付けが悪いのですごい音**）**!!**

はぁ……はぁ……。

あらまあ。なんでドアがさっきより重くなってるんだろうと思ったら、**鍵がかかってたからなんですね**。どうりで。そんな短時間で建て付けが悪化するのはおかしいと思ったもん。そんなスピード感ある悪化だったらもう明日には開かずの間になるもんあのトイレ。

今のはたしか、隣の部屋にチェックインしてた白人カップル旅行者の、女性の方だな……。ご飯食べに行く時に一瞬だけチラッと見たような気がする。

うーむ。しかしまずいなあ。若い女性が用足し中のトイレの個室に、**鍵を破壊してドアを吹き飛ばして侵入してしまった**……。自分としてはマナーに則って紳士的に行動していたつもりなのに、結果的に紳士どころかむしろ**未曾有の変態行為**を働いてしまったのではないだろうか（泣）。だって、**女性が使用中のトイレの個室にドアをぶち破って入って行く紳士**はなかなかいないもんね（涙）。

悲しい……。ただ単に「開かないドアを頭を使って論理的に開けた」なら知的でスマートな行動なのに、「**女性が中で排尿中のため開かないドアを頭を使って論理的に開けた**」

だと、いきなり**変態知能犯**になる。なんて理不尽なっ。同じことをしても中に人がいるというだけで紳士が犯罪者になってしまうなんて！　**こんな理不尽な世の中に誰がした!!　政治家かっ!!　安倍政権かっっ!!!**　※絶対違います

ああ股間が冷たい。驚いてオシッコを13滴ほど漏らしてしまった……。まあ緊急時なので、今はパンツを替える基準をお漏らし20滴まで引き上げよう(有事の際のみの特別措置)。ていうか、僕もオシッコしたいんだけどな……。外に立ちションしに行くのは、マナー違反な上に野生動物に襲われる可能性があって危険だ。ああ、せっかくさっき一度トイレに入ったんだから、オシッコだけさせてもらえばよかった……「いいですいいです、気を使わないでいいから、そのままで！」って言ってちょっと脇からシャーーっとさせてもらえば……

ズガガガガガ!!

廊下の方からまた、建て付けが悪いドアが開く音がした。そして次に隣の部屋のドアが開き、閉まる音も。どうやらさっきの女性が部屋に戻ったようで、なにやら「ペラペラペラペラペラペラペラペラペラペラペラ!!!　ペラペラペラペラペラペラペラペラペラペラペラペ

ラペラッッ!!!」と興奮気味に喋っている。内容は理解できないが、とりあえず雰囲気から**すごく怒っているということはよく伝わって来る**。

カップルの男性の方はそれを聞いて最初は笑っていたが、「ヘイ、ジョン!! 笑いごとじゃないでしょうがっ!! 見知らぬ変態野郎がいきなり個室に入って来たのよ!? 私は心の底から憤っているの!! 絶対わかっててやってたわあいつ!! 許せない!!」(推測)という剣幕に押され、「オー、すまないジェシー。そいつは本当にろくでもない奴だね。東洋人かい? この宿に泊まっている旅行者かな。じゃあ今度見かけたら、野生動物の仕業に見せかけて殺そうか」と真面目に応対し出した(推測)。くっ……、俺は変態じゃなくて紳士なのに……。

まずいなあ。とりあえず、明日以降絶対彼らと顔を合わせないようにしないとな……。辺境の旅はルートが限られているので、同じ旅行者に何度も会うことが多い。もし後日彼らと顔を合わせてしまったら、「ジョン!! あいつよ!! あいつが私のトイレに入って来た変態東洋人よ!! どんな鍵でも開けてしまう恐ろしい犯罪者よ!! その悪の技術でアフリカ中の宿を回り盗難と覗き行為を繰り返しているというわ!!」と告発され大騒ぎ、私は牢獄に放り込まれるくらいならまだマシ、下手をしたら絨毯でぐるぐると簀巻《すま》きにされてサバンナに放置され、**ライオン用のちゅ〜る**として頭からちょっとずつかじられて行くのではないだろうか。……違うっ。俺は鍵を開ける犯罪技術なんて持っていないんだ！　**ただ力ずくで鍵ごとドアをこじ開けただけだ（どちらにしろ最悪）!!**

ともかくアフリカにいるうちは彼らに顔バレしないように気をつけないと。変装した方がいいだろうか？　その辺の部族に民族衣装を売ってもらい、明日からは上半身裸になって**カラフルな腰ミノと巨大な木彫りの仮面をつけて**旅を続けようか。いやさすがに不気味すぎるか……そのまま遠い国で別の部族に出くわしたら、敵だと思われて襲撃されるかもしれないし。

こんなことなら、もっと早く対策を打っておくべきだった。いっそのこと彼女がまだトイレにいるうちにもう一回入って行って、「今ここに、俺が来なかったか？　……**バカ野郎!!　そいつがルパンだ!!!**」と銭形のとっつぁんふうに叫んでおけば、真犯人は私ではないというアピールになったのに。でもそれだと**結局2回目に入って行ったのは紛れもなく私**だということになるので、そしたらもう一度出てもう一度入って「今ここに俺が来なかったか？　バカ野郎そいつがルパンだ‼」とやり、でもそうすると結局3回目に入って行ったのは私だということになるので……ああ……果てしない（涙）。

…………。

翌日私は、他の宿泊客が全員寝静まっている早朝にチェックアウトし、その後アフリカにいる間はずっと、カップルの白人旅行者とすれ違う時は**めちゃくちゃ変な顔をして**面割れを阻止した。

ごめんなさい……。本当に申し訳ないことをしたと思っています……。でも、ドアが開く前にひと言「入ってるよ！」と言ってくれればよかったのに……。

…………。

これが、私がタンザニアで経験した人呼んで「ムベヤの悲劇」である。

この事件について、私を責めることは簡単だ。しかしこれを単純に侵入した側の責任と結論づけるだけでは、本質的な問題を見失うことになるのではないかと思う。

この件については、トイレのドアが元々力いっぱい押さないと開かないくらい建て付けが悪く、**そのくせ鍵をかけても力いっぱい押すとやっぱり開いてしまう**という、そんなトリッキーな状態のまま放置していた宿側にすべての責任があると私は断定する。日本を代表する8流旅行作家として私は、ムベヤのワレサメゲストハウスには猛省を促したいと思っている。

ともかくどうだろう？　この一連の顚末から、いかにバックパッカーというものが変態であるか……いや、いかに安宿のトイレというものが旅人の神経をすり減らす存在なのかということを、わかってもらえたのではないだろうか。

今のケースは割と珍しいアクシデントであるが、共同トイレでは比較的発生頻度の高い、こんな事故もある。

同じくアフリカの、ジンバブエでのこと。

首都ハラレで宿泊したのは、貧乏旅行者ばかり（もちろん私を含め）が集う1泊300円程度の破格の宿。部屋は二段ベッドを並べた「ドミトリー」というタイプの相部屋で、トイレは各階に1～2個ずつ、洋式の個室が備えられていた。

はっきり言って、宿泊客に対してトイレの数が圧倒的に少ない。なので毎朝7〜8時ともなればラッシュアワーで、各トイレの前には列ができる。朝の7時から貧乏そうな外国人が行列を作っているシーンは、思わず「**あれ？　今日は新型iPhoneかレアスニーカーの発売日だっけ？**」と首を傾げたくなる、**ネットニュースでちょくちょく見かける風景**であるが、彼らは決して**レア物を転売して稼ぐために**行列を作っているわけではない。ただトイレの順番を待っているだけだ。

そこで私はラッシュを避けるため、いつも7時前、なるべく人のいない早朝に用を足すことにしていた。早起き自体も健康に良いし、我慢せず出したい時に出すこともまたお尻の負担を避けられて良い。早起きは三文と肛門の得なのだ。

その日も私は6時過ぎに起き出すと、1階の共同トイレへ向かった。まったく人の気配はない。ドアを開け電気を点け。よーし今日もすっきりして楽しく観光するぞ！　フフフーンフフフーン♪　……………。

オエ〜〜〜〜〜〜〜〜〜〜〜〜〜ッ（涙）。

パンツを降ろし、意気揚々と覗き込んだ洋式便器の中……。そこには、私より先にこのトイレを使用した誰かしらの**立派な忘れ物**がプカプカと残っていた。あわわわ……汚い……なんで流さないの……助けて汚いい……（泣）。

もう、誰ですかっ。大きな落とし物を残して行ったのは誰ですか!! 朝っぱらからこんなもの見せるのはやめて!! なんだこの死ぬほどインスタ映えしない光景っ（涙）!!!

まだ早朝だし、このブツを落として行った人は当然宿にいるよな。どうしよう、ここは紳士としては、**落とし主を探して届けてあげるべきだろうか**。こんな大事な大ブツをトイレに忘れて、さぞかし持ち主は困っていることでしょうよ。でも、こんなありふれた遺品だけで落とし主を見つけ出すのは大変だ。DNA鑑定まですれば所有者（元）を特定できるかもしれないが、絶対したくねえ。まあ、じゃあしょうがないよねー、持ち主がわかれば届けてあげるけどさ〜、誰の物かわからないんだから、**僕がもらっちゃってもいいよね〜〜**。**もらうかっっっ!!!**

どうせこんな物返したって持ち主が喜ぶわけないし、あるいは仮に喜ばれて**お礼の1割**をもらってもおぞましいし、もう、**ほんと誰だよ流さず帰った奴!!! 今時洋式便器の流し方くらい全世界の人間が知ってるだろっ!!!** 「**トイレを流さない**」**っていうのは**「**ありえな**

い！　デート中に女子がうんざりする男性の行動10パターン」のうちのひとつだぞ!!!　絶対モテないだろおまえっっ!!!

……まあ、これも考え方次第かもしれないな。見知らぬ男の物だと思うから汚く感じるのであって、これは好きなアイドル、**推しメンが出した物**だと思い込めば、不快感も和らぐのではないか。もしかしたら**たまたま推しメンのアイドルがジンバブエの安宿にお忍びで旅行に来ていて**、私の直前にこのトイレを使った可能性がないとも言い切れないじゃないか。一気にインスタ映え案件になるよもしそうだったら。転売で稼げるよそしたら。……いや、でもよく考えてみれば、**アイドルはこういうものを出さないので**、これが推しメンの物という可能性はやっぱりないな。ちぇっ、残念(紛うことなき変態)。

えーいなんだこの無駄な時間はっ!!　早起きイズノット三文の得、バット煩悶《はんもん》の時!!

私はただトイレに来ただけなのだ。さっさと自分の用を済ませよう。

とりあえず用を済ませるにせよ**この上にすることだけは絶対に避けたかった**ので、仕方がないので私が流してやることにする。文字通り他人の尻拭い(おぞましい)だ。なぜ俺がこんなことをっ。惨苦……!!　なるべくブツが視界に入らないように……。辛酸……!!

背けさせてくれこの目をっ、酷《むご》たらしい現実から‼

私は薄目の横目で確認したブツに「水でもかぶって反省しなさい‼(byセーラーマーキュリー)」と叱責すると、レバーを握り一気にハチャー!と捻った。

…………。

しーーーーーん……。

いやー。**水の一滴も流れやしない**。明らかになんらかの不具合がありますねこの便器。だから流してなかったのか(涙)。

どうするんだよ。このままごまごしていたらラッシュの時間帯が来てしまうじゃないか。もし人が並ぶ時間になって、私と交代で次の人が入ったら、**私が排泄後にブツを流していない人間だと思われてしまう**ではないか。冤罪を避けるために「ほら、見てくださいこれ! 参りましたよ~、**僕が来た時にはもう便器の中にあったんですよこれ**。**まったく迷惑だなあ、誰なんだよ真犯人は! もう、プンプン! ジンプン!**」などと饒舌に語ってしまっても、**ますます怪しい**。なにしろこういう時は第一発見者を疑うのがセオリーである。私だって、自分が並んでいる立場でトイレから出て来た奴にそんな説明をされたら

「言い訳してるんじゃねえよ!! おまえがやったんだろ!? わかってるんだよ!! 潔く罪を認めたらどうだ!!!」と、卓上ライトを容疑者の顔に向けながら激しく尋問するだろう。

……………。

そして私は、**逃亡した**。

辺りに人の気配がない隙を見計らって外に出て、2階のトイレへとトイレチェンジを行った。その後1階のトイレがどうなったかは、知らない。

今日もアフリカの長い1日が始まろうとしていた。

……………。

どうだろう。これで共同トイレの恐ろしさというものが、ますますわかってもらえたのではないだろうか。

みなさんには、旅先で恐ろしい共同トイレと向き合う覚悟はあるだろうか？　発展途上国では電気や水が止まることは日常茶飯事。「断水のため水洗トイレがまったく流れない」という事態に直面した時、あなたは見知らぬ同宿者たちが出したブツの上に座り、そこに自分の物をポットンと重ねることができるだろうか？　その景色に怯まず「うわあすごい、こんなに幾重にも重なりあって、**汚物のミルクレープや〜〜！**」と、前向きな言葉を投げることができるだろうか？　**私はできない**。

安宿に宿泊している間は、心の安まる時などないのだ。部屋にいても「ああやだ……同じ屋根の下にあんなばっちぃトイレがあるなんてイヤだ……」と気が滅入るし、外出していても「ああやだ……あんなばっちぃトイレがある宿に帰るのはイヤだっ!!」と、1日中気を病み続けることになる。そんな旅は、楽しくないのだ。

私はジンバブエの旅を思い出す度に、真っ先に浮かんで来るのが便器に浮かんだブツの記憶だ。よって、もう私はジンバブエのことなど**思い出したくない**。

そんな記憶の悲劇を防ぐためにも、宿決めの時にはまず各部屋にトイレがあるかを確認し、自分用のトイレが確保できるとわかった宿にしか泊まらない。そのような心配りを私は、私に似た繊細な旅人にはおすすめしたい。その出費と心がけで、心身の負担はぐっと減るのである。

安宿の共同トイレは人と人、汚物と汚物との出会いの場でもある

4

現地人との交流（冬）

〈パキスタン〉

ここまで私は旅について、「優雅な瞬間など実際はごくわずか」「9割以上は悶絶の時間」「行った国数が多いからって偉そうにする旅行者はバカ」「飲み会にバックパッカーがいたら旅自慢が始まるので近付くな」という教訓を述べて来たが（一部述べていない可能性もあり）、実は、旅行中には**優雅に見えるごくわずかな瞬間でさえ、心の中では悶絶している**ということもたびたびあるのだ。

どういうことか？

例えば、「旅行者がネットに載せたくなる写真ランキング」で常にベスト5にランク入りしているのが、「現地人と交流している自分の姿」だ。

もちろんこの私もいち旅行者であるので、旅先で現地の人と記念撮影などしたならば、ついついその写真をSNSで公開して「海外でも誰とでも仲良くなってしまう人間力のある私」をアピールしたい気持ちに駆られ、しかしそれをやってしまうと単純な人からは「さくらさんは海外でも誰とでも仲良くなってしまう人間力があってすごいなあ」と感心されるが一方で人並みの分析力がある人からは「さくらさんは『海外でも誰とでも仲良くなってしまう人間力のある私』を**アピールしたくて必死なんだなあ**」と見抜かれてしまうので、それを考えるとやっぱり公開はやめておいた方がいいのではないか、ああでも、**アピールはしたい!!　せっかくイケてる写真が撮れたんだからソーシャルネットワーキングサービスを使って世の中に発信したい!!　海外の環境にスマートに馴染んでいる自分の姿を友人知人に見せつけたい!!!　自慢投稿ができないんなら海外旅行に行く意味なんてないだろうがっ!!!　自慢あっての旅だろっっ!!!**　**でもでもっ、その自慢投稿が逆に閲覧者の顰蹙《ひんしゅく》を買って「さくら剛って、旅慣れてることくらいしか人生において自慢できる部分がない小物なんだな」とか思われたらそれもイヤだバカぁ!!　ああ写真を上げたいけど恐いぃ〜〜どうしたらいいんだ〜〜〜〜〜!!!**

……てな感じの葛藤に、私もよく襲われたりする（バックパッカーって面倒くさいでしょう?）。まあほとんどの場合は、誘惑に負けて画像は**しっかりアップする方向**に落ち着くのよ。

ただ写真を載せる載せないは置いておいても、旅に馴染みのない人から見れば旅先での交流……ましてや現地の人に招かれて**お宅訪問**なんていうイベントは、まさに旅冥利に尽きる素敵な出来事だと思われるかもしれない。

でも、実際はそう単純なものではないのだ。「旅先でのお宅訪問で撮った写真」、その微笑ましく見える一枚の裏にも、実は一筋縄ではいかない葛藤が潜んでいるものである。

……私は、冬のフンザにいた。

パキスタン北部の、雪山に囲まれた村。春になると一面に杏の花が咲き乱れ桃源郷の様相を呈するというこの村も、冬はただ**「寒い」以外の特徴がない寒村**であり、せっかく首都から23時間もバスに揺られて来たというのに今の時期は旅行者も少なく商店街もほとんどクローズ、やることとい

人外の存在である情け容赦ないデニーちゃん

えばただ宿の犬・デニーちゃんと毎日部屋の中で遊ぶくらいであった。

ただデニーちゃんは社交的な犬なので、いつも昼になると私を置いて宿を出て、ご近所に遊びに行ってしまう。ちぇっ、宿泊客をもてなすことよりご近所付き合いの方が大事なのかよ……人情のないやつめ！

たしかに、デニーちゃんのつれなさも理解できないことはない。なにせバックパッカーなんていうのはほとんどが無職の貧乏人なので、下手に優しくして居着かれてしまったら大変だ。一時の感情で情けをかけて世話をすればバックパッカーはどんどん数が増え、不衛生な環境や近隣トラブルを生む元になる。きっとフンザ一帯では**バックパッカー餌やり禁止条例**が施行され、地域バックパッカーの数を減らそうと村全体で取り組んでいるに違いない。そういえば、フンザで見かけるバックパッカーは**耳にV字の切れ込み**がある人が多い気がするなあ。割としっかり処理されているんですね。

仕方ないので、私も出かけることにした。今日は隣村まで行ってみようか。隣のアルティット村ならば、きっと変な条例でバックパッカーが冷遇されることもないはずだ。

安宿を出て山道を上ったり下ったり、1時間ほど歩くと、枯れ山の斜面に沿ってカクカクとコンクリートの家が並ぶ小さな集落に出た。ここがアルティット村だ。

へえ〜、ここがアルティット村か〜。なんにもないね〜。はい、見た。**はい終わり！　さあ帰る！　さぶーーーーっ!!　寒いのよとにかく（涙）!!!　「『寒い』って言ったら罰金100円ね〜」と友達と約束したら罰金で南国に別荘が建ちそうなくらい寒い!!!　ヨダレでカキ氷ができそうなくらい寒いわっっ!!!**

しゃりしゃり（ヨダレかき氷を食べる音）。ああ冷たぁー（涙）。

「ハロー。フェアーアーユーフロム？」

「ん？　あ、こんにちは。ハロー」

シャーベット状になりながら踵を返した私に、一軒の家の軒先から、上品な雰囲気のおばさんがハローと声をかけてくれた。

「アーユー、ジャパニーズ？」

「あ、はい、そうです。静岡県出身26歳、さーちゃんことさくら剛ですっ☆　**さむーー!!**」

「ユー、カム、マイハウス」

「はい？」

「カム！　マイハウス！」

「えーと、おうちに招いてくれるのですか？」

「イエス。カムカム！」

おお～～～。

ふれ合いチャーーーンス‼　これは旅先でランダムに発生する交流イベント！　バックパッカーが待ち望んでるやつ！　クリアすると魅力値が10上がるやつこれ！　貴重なスキルアップイベント！

これはどうもおばさま、ご親切にありがとうございます～。いや～～ほんとに。僕なんかに声をかけていただいて。

………………。

面倒くさい……。

なんか、正直苦手なんですよねこういうの……。もちろんお誘いくださったのは嬉しいのですが、僕、**他の個体とコミュニケーションを取る能力が著しく低い**という生物的欠陥がありまして。子どもの頃から引きこもってゲームばっかりやってたものですからね……。ゲームっぽい会話にしてくれるならいいですよ？　ときめきメモリアルとかサクラ大戦みたいに常に3択の選択肢を与えてくれるなら堂々と会話しますよ？　その形式なら得意ですから。そんじょそこらのホストには負けないくらい正解の返答を選びますよ3択なら。僕のゲーム歴は伊達じゃないですからね。ゲームに人生を捧げてますから。ワイドショーなんかで凶悪犯罪とゲームを安易に結びつける発言があったら怒り狂いますからね。他のゲーマーたちを巻き込んでSNSで攻撃して拡散拡散で大炎上させますからそういうゲーム界の敵は。でも3択じゃないフリースタイル会話となると僕はまだまだ自信がなくて……できればもうちょっと上手に会話ができるようになってから会話をしたいなと……

「**カム‼　カムと言ったらカムッ‼**」

「はいすいませんお邪魔します（涙）」

　はっきりしない奴だねっ、**来いと言ってるんだから来なさい！　寒いんだから！　ほら早くっ‼**　という訳がおばさんの激しい手招きからよく読み取れたので、私は急いで玄関へと駆けた。

靴を脱いで上がってみると、防寒のため絨毯を敷き詰めた四角い部屋におばさんの他、おじいさんとおばあさん、そしてやっと立てるようになったくらいの小さな男の子が2人いた。着ぶくれて丸くなっている子ども2人は、片方を3Dプリンタで作ったのではないかと思うくらい同じ姿形だ。防寒のため1人がすさまじい速さで動いて分身しているのでなければ、きっと双子だろう。

私が入って行くとおばあさんが部屋中央の囲炉裏に火を焚いてくれ、炎が上がった。あぁ暖かい……。みんなで囲炉裏を囲んで座ると、おじいさんおばあさんおばさんが次々に私に話しかけてくれる。

が、やはりうまく会話ができない。ほんとに俺はダメな人間だなあ。親切に家に招いてくれた人たちにまともな返事も返せないなんて……。と思ったら、うまく会話ができないのは今回に限っては私の内向きな性格のせいではなく、みなさんが話している言葉が**ブルシャスキー語**というフンザ地方特有の言語のためだった。ああ、わからないにもほどがある。**こんなことなら学生時代にブルシャスキー語の授業をもっと真面目に受けておくんだった……（涙）**。

とりあえずなんだかわからないけど応急処置としてニコニコしていたら、囲炉裏にかけられたヤカンが沸いた。どうやらチャイを作ってくれたらしい。チャイというのは主に南アジアから中東地域でよく飲まれている、あま～いミルクティーのこと。おじいさんがヤカンから大きめのマグカップになみなみとチャイを注ぐと、私の目の前に置いてくれた。

ありがとうございまーす！

遠慮なくいただこう。体が温まるし、これを飲んでおけば帰国後に友人とお茶などする時「この紅茶美味しいねー。でもなあ、**俺の中のナンバーワンは、パキスタンのフンザで現地のお宅に招かれて飲んだチャイなんだよな～～**」と遠い目をして語り、友人に自分の器のデカさを誇示する（そして顰蹙《ひんしゅく》を買う）ことができる。

はーー、甘くて美味しい！　さすがアルティット村の人たちはバックパッカーに優しいですね。隣村のデニーなんかと違って人情が感じられますもん。デニーなんて人の心がないですから。こんな良い環境なら、他のバックパッカーも呼んで来てみんなで住み着いちゃおうかなあ。繁殖もしちゃおうかなあ。

あ～～～～、飲んだ飲んだ。お腹タプタプになったけど、大満足です！　ごちそうさまでした！　じゃあそろそろ帰ろうかな……

コポコポコポコポコポコポコポコポコポ（**すかさずおじいさんがカップいっぱいにチャイを注いでくれる音**）……

……………。

あのーー。なにも、また満タンにしなくても。本当に美味しかったし会話が困難だから手持ち無沙汰でガンガン飲んでましたけど、１杯で十分お腹に溜まってるんです。もともと量すごかったでしょう？　デカカップだし。まあでも、気を使っていただいてありがとうございます……じゃあもうちょっとだけ……ズズズズ。

「さあ、これも食べろ食べろ！（ブルシャスキー語＆ジェスチャーで）」

うっ……。

いつの間にやら、目の前には大皿に山積みに盛られた丸パンが。丸パンというのは私が勝手につけている呼称で、チャイと同じく中東地域で主食とされることが多い、薄いパンだ。やや小ぶりのピザ生地のような形で、エジプト近隣では「アエーシ」なんて呼び方をする。

いやあなんだか、豪勢なおもてなしをありがとうございます〜〜こんな僕なんかのために〜〜。ほんとに嬉しいです。感謝いたします。でも……、すいません、僕、**食が細いんですよ。そんなに食べ物を食べられないんです僕。**昼ご飯は済ませて来てるし、もうチャイだけでお腹パンパンになってますし。見たところ山盛りの丸パンだけで、**おかずもないみたいですし**。主食って、主食だけで食べるものじゃなくないですか普通？　塗りやすいホイップタイプのピーナッツバターなどはないのでしょうか……（涙）？

う〜〜ん、でも、食べろと言われたら食べないわけにはいかないよな……。お宅訪問イベントは、参加メンバー全員が最後まで笑顔でいてこそ成功だ。パキスタンの山岳地に住む素朴なご家族の親切心を無下にするわけにはいかない。最低2枚……。まず1枚をペロリと平らげ、「**うわあこれすごく美味しいですね！　もう1枚もらっちゃっていいですか？　やったーいただきます！**」**という掛け合いをこなしてもう1枚笑顔で食べる、**そこまで最低限やり切るのが理想の対応だ。「おもてなしの国」に住む日本人はおもてなしを受け切る度量もまたあるのだということを、私は1億2千万日本人の代表としてアルティット村の彼らへ示さなければならないのだ。

よし……、食べるぞ。まず1枚目をペロリと平らげるんだ！

ペ……………………………………ロ………………………………………

…………………………………………………リ……………………………………

……………………………………………………………………（遅い）。

うっ。ううっぷっ。はぁ……、はぁ……、1枚食べたぞ……。うわあ、美味しいです

ねっ。も、もう1枚もらっちゃっていいですか？　やったーー嬉しい、いただきますっっ

（台本に忠実）！

2枚目の丸パンは**少しずつ千切ってチャイに浸し**、喉を通り易いようにしなしなにして飲み込んで、なんとかフィニッシュすることができた（この食べ方は現地の人もよくやるので、行儀が悪いわけではないのである）。

最後に、残りのチャイも全部胃に流し込む。……よーし、これでマグカップ満タン2杯、自分史上最高記録量のチャイを飲みきることができたぞ。2杯目を注がれた時にはどうなることかと思ったが、遂に空にできたぞ。見たか俺の根性……ああ苦しい……でもやり遂

げた……ではそろそろおいとましようかな……

コポコポコポコポコポコポコポコポコポ（**おじいさんが目いっぱいチャイを注いでくれる音**）……

………………。

わんこそばか？

あのね……、よかれと思ってやってくださってるのはわかるんですよ。それはわかるんですが、できましたら、もりもりに注がれたマグカップ（大）のチャイを3杯連続で飲むことは**人体構造上困難である**ということもご理解くださったら嬉しいのですが。糖分がっ！　**糖分がやばくないですかっ**!!　いいですか、食パン1枚には角砂糖およそ9個分の糖分が含まれているんですよ？　丸パンも同じだとすると2枚で18個ですよね、マグカップ（大）満タンのあま～いチャイなんてコーラくらいお砂糖入ってますよ、そうすると1杯につき10個、3杯だと30個。**丸パン2枚とチャイ3杯を足すと合計で角砂糖48個で**

すよっ‼　ピンと来なければピラミッド状に48個の角砂糖を積み上げた光景を想像してみてくださいよ‼　ね、やばいでしょう⁉　将来の成人病のリスクなどを考慮すればここはストップをかけるべきところでしょう⁉　たとえ僕が欲しいと言ってもおじいさんが「もうやめておきなさい」とブレーキをかけるべきところでしょうここは‼　なのになんであなたの方からそんなぐいぐい来るんですかっ‼　歳を取るとアクセルとブレーキがわからなくなるんですかっっっ!!!　あっ、もう、やめてっ、そんなになみなみとチャイを注がないでっ‼　やめなチャイ!!!　もうそれ以上はよしなチャイっっ（涙）!!!

「**こりゃ！　手をどけろ！　火傷するぞ！（ブルシャスキー語）**」

…………。

私はわんこそばの作法に則って「ごめんなさいもう飲めません限界です」と訴えながら手でカップに蓋をしたのだが、「なにを言うかっ！」とブルシャスキー語で怒鳴られ、なぜか私の手はおじいさんに**ピシャリと払いのけられ**、カップは三度満タンになった（泣）。

「さあ食え食え！　丸パンもまだまだあるぞ。遠慮するんじゃない！」

「ごめんなさ～い（涙）、もう無理です……もうこれ以上食べたら死んじゃいます～～（涙）」

「若いもんがなに言ってるんだ！　たくさんメシを食って元気に飛び回るのが若者の務めだろう！」

「ダメでーす（涙）。許してくださーい（涙）」

……………。

そこから、丸パンを**食え食えないの攻防**になった。私のためにおじいさんおばあさんが丸パンを取ってくれようとするが、それを「ごめんなさいもう無理です！」と私が必死で制する。

なんで外国のお年寄りって、若者がたくさん食べないと本気で怒るんですか（泣）？　悪いことしてるわけじゃないのに……。背が高い人もいれば低い人もいるように、胃が大きい若者もいれば小さい若者だっているんです。背が小さい若者に対して「**なんでそんなに小さいんだおまえは！　若いのに遠慮しやがって！**」ってブルシャスキー語で責めますか？　責めないでしょう？　なのにどうして胃が小さい方は初対面のおじいさんにこんなシリアスにお説教されないといけないんですかって**なんか持ってきた!!　おばさんがまた**

台所からなんか新たな食材を!!!

私に迫っていたおじいさんおばあさんが、そのお皿を見て急に誇らしげな顔になった。

………………。わかる。なんとなく、その表情でわかる。おじいちゃんおばあちゃん、あなたたちは心の中でこう言っていますね？「若造め、うちの丸パンは不味くて食べられないと言うんじゃやな？……ああそうじゃよ、たしかにパキスタンは発展途上国じゃよ。日本と比べたら美味しい食べ物も少なかろう。でも、丸パンだけで私らの食事を判断するんじゃやないよ。パキスタンの飯が不味いだとかそういうことは、**これを食べてから言ってみな!!**」……………と。**いや僕別に丸パンが不味いなんて言ってないですけどねひと言もっ!!**

本来、この新しい食材がここに**登場する予定はなかった**はずだ。しかし私があまりにも必死の形相で丸パンの追加を拒絶するので、ならばこれならどうだと、仰々しくおばあさんが奥から運んで来た秘密兵器、おそらく**この家の家宝であると思われる**ドロドロとしたチーズ、それが私の前に置かれた皿に丁寧に盛られていた。

……………。

ありがとうございます（**泣**）。いいんですかこんな大事な物をいただいちゃって（涙）？　もう本当に感激です。うっ、い、いただきますよ、はい、だって食べなきゃ悪いですもん……。僕のためにわざわざ盛り付けて持って来てくれたんだもんさすがに手をつけないわけにはいかないですよ……ではいただきます、みなさん重ね重ね丁重なおもてなしありがとうござい**マズーーーーーーっっ!!!　ぐぁえっ!!　なんじゃこりゃ不味いっ**（**涙**）**!!!　口がっ!!　口が曲がる〜〜〜っっ!!!**

……………。

チーズをひと口食べた途端、私は**口が痺れた**。

家宝なのか最高級品か知らないが、偽らざる感想として**メチャ不味い**。長年の保管により熟成された臭みと苦味がお互いを引き立て合い、絶妙な不味さを演出している。これは食べ物なのだろうか？　毒じゃなくて？

表情をなくし絶句している私を見て、住民の方々は「**どうだい！　パキスタンにだって、言葉をなくすほど美味しい食べ物があるんだよ！　少しは見直したかい！　今までパキスタンをバカにしていたことを、反省しな!!**」という勝利の視線を向けて来た。……いやあの、美味しくて絶句してるわけじゃなくて、**不味いんですよ**。大人として表情に出さないようにがんばってますけど、**不味くて絶句してるんです**。**ていうか別に僕パキスタンをバカにした覚えもないいんですけどねっ!!!　お腹がいっぱいで食べられないってさっきから言ってるでしょもうっ（涙）!!!**

なお、私が命がけでチーズに向き合っているのを見て、幼い双子は「いいなあこのお兄ちゃん、お宝チーズを一人占めできるなんて。僕たちなんて、チーズが入っている戸棚に近づくだけでおじいちゃんにどやされるのに」と、実に物欲しそうで恨めしそうであった。

じゃあキミたち代わりに食べてくれよっ!!!　全部あげるから!!　美味しく食べられる人が食べた方がチーズもみなさんもハッピーだろっっっ!!!

……………。

長い葛藤の上、私は、**誠心誠意みなさまに謝罪し**、とにかくいかに本当にお腹がいっぱいであるかということを**ボディランゲージを駆使して饒舌に熱情的に語り**、どうしてもこれ以上は食べることができないということを伝えた。このチーズだって大事なお宝だからこそ、口に合わない者が無理矢理食べるなんてその方が失礼なのだ。大事な物は、その大事さをよくわかっている人にこそ与えられるべきなのだ。

そして。決死の思いは届き……、遂に目の前のお宝チーズは、**再びうやうやしく容器にしまわれて台所に帰って行った**。お疲れ様でしたチーズさん。

……さあ、日が沈む。帰る時間だ。

私は最後の力を振り絞ってアルティット村のみなさまに笑顔で御礼申し上げ、夜店のヨーヨーのごとく膨らんだお腹をバインバイン弾ませて、宿へと帰った。太陽は間もなく、雲と雪山の西の果てに沈もうとしていた。

おじいちゃんと2孫。孫は元々1人だったが、チャイを与え続けたらある日突然分裂したらしい

……………。

以上が、私がパキスタンの山岳地で経験した、**現地の人々との心温まる交流体験**である。どうだろう。みなさんがイメージする「旅先でのふれ合い」とは、**若干テイストが違っていたのではないだろうか**。

もうわかってもらえたと思うが、海外での現地の人たちとの交流というのは、やはり**9割以上は悶絶の時間**なのだ。現地のお宅訪問をしても、本当に心から楽しめる瞬間など1割程度に過ぎないのである。だいたい衣食足りて心身ともエネルギーに満ち溢れているからこそ異文化交流を受け入れる余裕というのは出るもので、貧乏旅行で体力もメンタルも疲弊している時には、**異文化などストレスでしかない**（思い切った発言）。

特に、昔から今までテレビ番組の影響もあって「海外での交流」というと、日本と文明レベルが離れた場所での体験こそより貴重だと思われる傾向があるような気がする。具体的にいえばカンボジアとかケニアなんかで住民と触れ合う方が、イギリスの知人にお茶に呼ばれるより難易度が高くて希少価値もあるイメージがあるのではないだろうか。

しかし、実際にふれ合い体験をしてみて印象に残ることというのは、画像や映像で伝わる所とは全然別の部分だったりするのだ。微笑ましいふれ合い体験映像の裏には、「マジであの家暑くて倒れるかと思った……」「なんかダニに嚙まれまくって痒くて痒くてキイイイッ!!」「ああ臭いがきつかった〜もうちょっとで気を失いそうだったわ〜」「ハエが……ハエが絶え間なく……ああやめてそのドス黒いお皿にスープを注ぐのはやめて……」などという、悲しくも現実的な感想が隠れているのである。

これから旅に出るみなさんに、私はアドバイスしたい。「現地のお宅訪問」は、**体調が万全の時に、修行のつもりで挑め**と。

5

現地人との交流（夏）
〈バングラデシュ〉

駆け出しの旅行者なら誰しも「現地でのお宅訪問」に憧れるのではないかと思うが、実際に旅先で何度かお招きに預かってみると、**お宅訪問は結構辛い**ということがわかって来る。

だいたい日本人の多くは、お正月に親戚の家へ挨拶回りすることも面倒くさく感じるのではないだろうか。言葉が通じ面識もあり、同じ文化で暮らしている親戚のお宅訪問すら面倒なのだから、**言葉がほぼ通じず衛生観念も食文化も全然違う見知らぬアラブ人のお宅**を訪ねてリラックスなんてできるはずがないのである（アラブのイスラム諸国が最もお宅に招かれる確率が高いのです）。

日本人は繊細で潔癖なので「人の家の食器でごはんを食べるのに抵抗がある」という人も少なくないと思う。私もまさにそのタイプだ。そんな潔癖な純日本人が、トイレの後には紙でなく**指でお尻を拭く文化の地域**でお宅に招かれ、家族のみなさんが**特に洗った気配のない手で直におかずを鷲掴みにし**、「さあさあ、これ食べろ！」と脂ぎって黒ずんだお皿に盛ってくれた食材……、その食材を前にして「**胃腸のご臨終を覚悟してでも人でいるべきか**」「**自らの心身の健康のために鬼になるべきか**」（出していただいた料理を笑顔で食べるのが人、ひと口程度で「もういらないです」と放り出すのが鬼）についてひたすら悩む……、その葛藤と苦悩こそが現実のお宅訪問なのだ。

日本で暮らしていて「人でいるべきか、鬼になるべきか」について葛藤することなんて**誰かを殺そうかどうか悩んでいる時くらい**であろう。そう考えると、つまり海外でのお宅訪問というのは**だいたい人殺し一回分くらいのエネルギー**を消耗する、それはそれは大変な行事なのである。

ともあれ私なんかはとりわけ内向的な性格で、日本でも旅先でも出来るだけ人と交わらず外出もせず、部屋に籠もっていたいというタイプである（なぜ旅行に行くんだ）。だからお宅訪問でうまく立ち回るのは人一倍苦手、だからこそ、みなさんの親切心と食材を無駄にしないためにも、お招きにはあまり安易に応じないように心がけていた。

が、現地の人とあまり深く関わらないようにしよう、距離感を大事にしよう、と心がけていても、その心がけが逆に新たな葛藤を生んでしまうということもあったりする。そんなややこしい事例について、私の体験を紹介してみたいと思う。

パキスタンのフンザから南へ下り東へ進み、およそ3ヶ月後、私はバングラデシュにいた。

ここ3ヶ月の間に滞在したパキスタン、インド、バングラデシュ、この国々に共通するところは、とにかく**道を歩いているだけで何度も何度も現地の人に話しかけられる**ということだ。特にバングラデシュでは外国人旅行者が珍しいらしく、基本的に外を歩いていると**自分の周りに人だかりができる**。

都市部の動物園を訪れた時など、私は園内の注目度で**ライオンに勝った**。最初は「この動物園は人気があるんだなあ、どこに行っても人がいっぱいだよ」と感心していたのだが、わあすごい人、この檻もこの檻も、見物客がぞろぞろと

……**って俺を見てるっっ!!!　この人たちみんな俺を見物してるっっ**

頭頂部から強烈な磁力を出して頭の上にお盆をくっつけている人

（涙）!!!　と、実は人々が観覧しているのは動物ではなく私であると気付き、そこからは**園内に放たれたパンダのシャンシャンになった気分で**1日過ごすことになった。ベンガルトラの家族ですら、檻の中から「ガオッ、見てみろ、外国人が来てるぜ……！　なんか青っちろくて弱々しい感じだなあ。でも醬油の風味が効いてて食ったら美味そうだぜ……ガオガオ……ジュルルルッ」とジロジロ観賞してくる始末である。くそっ、**なんだ虎!!　そんな殺気立った目で俺を見るなっ!!　おまえらが俺を見るんじゃない、俺がおまえらを見に来てんだよっ!!!　俺を見物するんならおまえらが入場料払えっ!!!　俺によこせ入場料を!!!　園のキラーコンテンツとして集客に貢献してやってるんだから!!!**

さて。

バングラデシュの、ジュソールという地方の町へ到着した日のこと。

昼前に宿へチェックインを済ませ、散歩がてらごはんでも食べに行くかと外に出るとやはり地元の方々が、私を見るなり「名前は何だ」とか「どっから来たんだ」とか、片言の英語で話しかけて来る。

しかし今や生粋のコミュニケーション欠陥旅人として距離の取り方をマスターしている私は、ひと言だけにこやかに回答を差し上げてすぐ「あ、ごめんなさーい、今ちょっと急いでるんで♪」と歩き去るという、ナンパ慣れした美人のモノマネを繰り出し巧みに人々をかわしていった。

「ハロー！　ファッツユアネーム？」

今度は、自転車に乗った男子2人組が来た。高校生くらいだろうか？　まだ子どもだな。子どもはあんまり邪険に扱うわけにもいかない。出版業界もコンプライアンスにうるさくなってきたからな。ムカついて子どもを蹴飛ばしたり首締めたりするのは旅行記に書かない部分でやるので、ここでは優しく対応しておこう。

「ハロー。マイネームイズタナカ！　俺は日本人の田中だよ」

「**オー、タナカ！　ナイストゥーミーチュー！**」（握手を求めてくる）

「はいはいどうも」（応じる）

もちろん、私の名前は田中ではない。が、しかし、私の本名は外国の人には馴染みのない発音らしく、大抵名乗った後に「え？」と聞き返されるのだ。その度に繰り返し名前を言うのが面倒なので、**外国人でも知っていそうなわかりやすい日本人名**として、「田中」を名乗っておいたのだ。どうせ一瞬の会話だし、ちょっとのウソくらいいいでしょう。※ちなみに「さくら」というのもペンネームですが、話がややこしくなるので原稿上は「さくら」が本名であるかのように記述しています。

「それでは、私田中はちょっと急いでるので！　はいはいそれじゃ、またねバイバイ（かなり邪険に扱っている）」

「マイネームイズ、ハッサン！　アンド、ヒーイズマイフレンド、サラム！」

「へぇ～そうなんだ、ハッサンとサラムね。はいはい。ごめんね、僕ちょっと行くところがあるから、またね」

「フェアードゥーユーゴー？」

「…………。**言えないところっ!!　言えないけど行かなければならないところに行くのっ!!　子どもはまだ知らなくていいところにっ!!!　じゃあね！**」

私は強引に二人を振り切ると、もちろん**特に当てがあるわけではないが行くところがあ**

ると言ってしまったので、あくまで確固たる目的地を目指しているという雰囲気で、彼らの視界から消えるまでスタスタと歩いた。うーむ……。ここはどこなんだ。

ちょうど目の前に安食堂が登場したので、入って行ってカレーを食べた。いや〜〜、味がわからない。この3ヶ月毎日カレーばっか食べてるから、もはやカレーへの感想が無だ。無の境地。私はもはやなにも感じずただ毎日カレーを体内に入れ続ける、カレー消化マシーンとなってしまったのだ。ああ、日本のココイチのカレーが食べたいよう……。

昼食を終えると私はもう部屋で休憩しようと、今来た方角と逆方向へ歩き出した。今日はもう宿から出ずにゴロゴロするんだ。ノートパソコンに保存して来たあんな画像やあんな体験談投稿集を見ながら、夜までゴロゴロしてやるんだぜ……いひひひひ……

「ハロータナカ!!」

「ぎゃっ!!　ごめんなさいっ!!　うわ、さっきの2人組!」

たまたままた通りかかったのか。それとも私を待っていたのか？　無邪気に呼びかけて来たのは先ほどの2高校生、ハッサンとサラムであった。

「フィニッシュ？　用事は終わった？」

「いや、終わったというか、これから部屋に戻ってパソコンでエッチな……いや連日の移動疲れを癒すため心身の保養をですね……今日はもう誰とも絡まずに一人でゆっくりしたいなと……」

「ホテルに帰るの？　タナカ、プリーズ、**カム、マイハウス！**」

「うっ。ハ、ハウスですか……。お気持ちはありがたいんですけどね、僕もう現地の人のお宅訪問には飽きたというか、いや、あの、**ちょっと体調が悪くてですね。行きたいんですよ？　行きたいのはやまやまなんですけど、体調的な問題で、できれば今日はもう無理せず休みたいななんて思っているところでして……**」

「カムカム！　タナカ、**ウィーウォントトゥービーユアフレンド！**（僕たちはキミと友達になりたいんだ！）プリーズ、カムマイハウス、タナカ！」

「くっ……なんか生意気にも胸を打つ台詞を言うよね……。そういう純真な目で見つめられると困っちゃうんだよなあ……」

歳を尋ねてみると弱冠17歳というハッサンとサラム、たどたどしい英語を一生懸命使って、無垢なキラキラ輝く目で「友達になろう！」と訴えて来る。

ああ、これは、倫理的に断れないシチュエーションだ……。だって正直、この後の**予定はないし**。予定もないのに純真な2少年の誘いを「やだ面倒くさい」と冷酷にはね付けてしまったら、今後この2少年のキラキラした目が**一生夢に出て来るであろう**。そしたらうなされてますます不眠傾向が強まり、私の睡眠導入剤は倍量に増えるであろう。……ああ、こんな繊細な私が憎いっ。こんな繊細で優しくて人の気持ちが慮《おもんぱか》れる、「結婚したい8流作家ベスト5」に常にランク入りしているカッコいい私が憎いっ。※8流作家は日本に3人しかいません

「わかったよハッサン。ハッサンといえばドラゴンクエストⅥでも仲間として随分助けられたし。この際、しぶしぶお邪魔させてもらいます」

「サンキュー！　レッツゴータナカ！」

私の返事を受けて2人のキラキラ度は一段と増した。そんなに喜んでもらえて僕も良かったですよ。僕が誘ってもらった立場なのに、いいことをした気分になってしまってすみません……。

ハッサンとサラムは自転車を降り、私に合わせて一緒に歩いてくれた。お互い英検10級

クラスの（そんな級はないが）へなちょこ英語だが、知っている単語を並べてなんとか会話を成立させる。

途中、路肩の売店（藁小屋）でハッサンとサラムはB4サイズの紙を1枚購入した。たった1枚の紙である。この国では、紙も1枚ごとにバラ売りなのだ。その場で店の主人からペンを借りると、2人は順番になにやら紙に書き始めた。

「タナカ！　これが僕たちのホームアドレスと電話番号だよ。もしよかったらタナカの住所も教えてくれないかい？　後で手紙を書くよ！」

「ああ連絡先の交換ね。いいよ別に、旅先ではよくあることですし。じゃあペン貸して。僕の住所は、HOUNAN、SUGINAMI-KUのTOKYO、JAPANで……電話が03の3323のこれこれで……宛名が……。…………………。**はっ!!**」

……い、いかん。そういえば、**私の名前はタナカじゃない**。

どうしよう。まさかウソを貫いて宛名を田中にしちゃうわけにもいかないよな……それじゃもし彼らが手紙を書いても返って行ってしまうし……。でもタナカと書かなかったら私が彼らにウソをついていることがバレてしまう……そしたら彼らは傷つくよな。それは申し訳ない。じゃあいっそのこと、宛名をタナカにして、2人が手紙を投函する前に帰国して家庭裁判所へ改名の申し立てをして本当に名前を田中に…………**イヤだっ!!!**

思い悩んだ結果、私はまずきちんと本名を書き、本当の名前の下に**カッコ書きで（TANAKA）と付け加えた**。

「はい、これが僕の連絡先ね。**カッコの部分はあってもなくても手紙は届くよ**。むしろ混乱を避けるためにない方がいい気がするけど……まあ僕はタナカだから……あとはお任せします」

「サンキュータナカ！　じゃあお互いに交換して持って帰ろう！」

ハッサンは紙を丁寧に半分に切ると彼らのアドレスの部分を私に渡し、そして私の連絡先は大事にズボンのポケットにしまった。私にとって彼らは「旅先で住所を交換した多くの中の1人」であるが、彼らにとってはもしかしたら私は少年時代に出会った唯一の外国人で、これが一生の思い出となる住所交換なのかもしれない。そんな彼らに真摯に対応できてよかった……。**子ども相手にウソの宛名を書くような、人道にもとる行為をする結果にならないでよかった**……（**複雑な気分**）。

「タナカ、ジュソールの次はどこに行くんだい？」

「次は首都のダッカに行くのです。明日には移動しようと思っているのです。あ、そうだ！　ダッカ行きのバスって、どこから出るんだっか？」

「大通りのバス会社から毎朝出発してるよ。今から寄ってチケットを買って行くかい？」

「おおハッサン！　あなたはなんて素敵なの！　アイラブハッサン！　アイラブサラム！」

　早速私は2人に案内してもらい、発着場も兼ねているバス会社の事務所に立ち寄った。受付のおじさんに聞いてみるとダッカ行きは明朝7時発とのこと。

「ダッカに行くんだな？　チケットはもう買えるぞ。予約して行くか？」

「はい。ぜひともお願いしますよおじさん」

「OK。じゃあこれが席の予約チケットな。おまえ、名前はなんていうんだ？　ここでチケットに名前を書いて、明日乗車時にパスポートで本人かどうか確認するから」

　おじさんに説明を受けていると、横からハッサンとサラムが割り込んで来た。

「**ヒーイズタナカ!!**　バングラバングラタナカグラグラ（ベンガル語で『この人はタナカっていうんだよ！』と説明してくれている）」

「オー。タナカか」

おじさんはダッカ行きチケットの「name」欄に、2人に教えられるまま私の名前を記入し始めた。

「まてまてまてっ!!! ちょっと待った!! 待って!! タナカ書くの待ってっ!!!」

「なんだ?」

「いやその……、あの、ここだけの話なんですけどね、僕の名前は本当はタナカじゃなくてですね、えーと…………、**うっ!!**」

ふと見ると、バス会社のおじさんとともに、ハッサンとサラムも**曇りのない無垢な目を輝かせて私を見つめている**。

「……そうなんですよ、**僕の名前はタナカなんですよ**。確かにタナカ、紛うことなきタナカです。彼らの言うことは正しい。ただ、ただね、実はタナカというのは、**ミドルネームなんです**。だから僕のフルネームは、さくら・タナカ・剛となるわけです。それで、**日本では一般的にミドルネームは書かないことが多いんですよ**。愛称的な意味合いですからね、日本のミドルネームは。**だから名前を呼ぶ時はタナカでいいんですけど、name欄に公式**

に記入する場合は本名の『さくら剛』が適切なんですねーこれが（汗）」

私が最初についたウソを取り繕うため必死で新たなウソをつくと、おじさん＆ハッサンサラムトリオは「なるほど、そういうことなのか。**今日はひとつ日本の文化を学べて勉強になったなあ**」という**満足げな表情**であった。ああ、なぜ人はひとつウソをつくと次から次へウソを重ねなければいけなくなるのだろう（涙）。

ともかく無事ダッカ行きのチケットを入手し、長く歩き橋を越え住宅地に入り込み、やっと我々はハッサン宅へ到着した。

ハッサン宅は、レンガとコンクリートで造られたがっしりとした四角い邸宅であった。招かれるまま入って行くと、家族の皆さんが明るく迎えてくれる。お母さんにおばさんにおばあさんに何人もの従兄弟。そして入れ替わり立ち替わり家族の方々が登場する度にハッサンが「**ヒーイズタナカ！　ヒーイズジャパニーズ！**」と紹介してくれるものだから、私も「ハローー。日本から来ましたタナカです」と**謎の自己紹介**をした。

ハッサンはしばらく姿を消すと、おそらく私のために大金（彼らにとっては）を出して買って来てくれたのだろう、7UPのファミリーサイズペットボトルを持って現れ、コップに注いでくれた。

こういう献身的ともいえる親切は、まさにイスラム教の人々の真骨頂である。山奥でお宅に招いていただいたパキスタンもイスラム教で、ここバングラデシュもイスラム教。

パキスタンとバングラデシュはインドを挟んで東西に分かれているが、実は元々は同じ国だったのだ。バングラデシュの昔の国名は「東パキスタン」。だから人々の人当たりの良さや親切ぶりなんかも、パキスタンとバングラデシュではほぼ同等なのだ。……それなら、その親切な2カ国に挟まれているインドもまた影響を受けて人々は親切で思いやり深い人ばかりなのかというと、そこについては**ノーコメントとさせていただきたい**。その点について語り始めると、きっと**不適切な発言**が飛び出てしまうから。**今の和やかな雰囲気に水を差すようなピリピリした空気になるからインドについて話し出すと**。忘れさせろよ今はっ、インドのことは。せっかく楽しくジュース飲んでるんだからっ‼　不味くなるだろジュースがっ!!!

この家は部屋数も多く割と広く感じられるのだが、それもそのはず、なんと一家全員**25人**がひとつ屋根の下に住んでいるという。25人ともなるともはや家族というより学校の1

クラスである。当然仲良しグループがいくつかに分かれてできているだろうし、**好きな子の下駄箱にラブレターを隠すような甘酸っぱいイベント**も発生しているのではないだろうか？　隣村のホームレスが勝手にこの家に住み着いても「あれ？　あんな家族いたっけ？**まあ人数多いから、あんなのもいたかもしれないね……**」と全員が思い、しばらく放置されそうである。

なお、この家の家業はローソク工場であるらしく、2階の作業場にはチーズかまぼこのようなカラフルなローソクが何千本と保管されていた。停電の多いこの国では、ローソクはまだ現役で重宝されているのだ。

その後ハッサンやサラム、そして家族のみなさんと記念写真を撮ったりなんやかや質問攻めにあったりしていると、イスラム教のお祈りの時間が来たということで、邪魔しないよう私はおいとますることにした。ハッサンはお土産に自家製のローソクを1箱も持たせてくれるし、私が宿に帰れるようにリキシャ（自転車タクシー）をつかまえて料金交渉までしてくれるし、まさに至れり尽くせりであった。今日はありがとう、ハッサン、サラム。

翌日、移動日。6時起床でバックパックを背負いバス乗り場に向かうと、なんとそこにハッサンとサラムがいた。

「タナカー！　グッドモーーニング！」

「おおキミたち！　昨日はありがとう。あれ、ここでなにやってるの？」

「タナカにグッドラックを言うために来たのさ。1時間も前から待ってたんだぜ！」

「な、なんだって……。タナカにグッドラックを言うため……それだけのためにわざわざ……。**こんな早朝から泣かせるなよおまえらっ!!**　ああ、タナカはなんて幸せ者なんだ。たった1日立ち寄っただけの異国の町で、こんなにもよくしてもらえるなんて。きっと心から喜んでいるよタナカは……。ところでタナカって誰だっけ。**俺だ。**ああ嬉しい。タナカ嬉しい（号泣）。そうきっと、**キミたちに会うためにタナカはこの世に生まれて来たのさ**（**割と真理**）」

「タナカ、荷物を貸して。ほら、あそこに停まってるのがダッカ行きのバスだよ！」

2人はそう言うと、私のバックパックと手荷物をすべて抱え、該当のバスまで連れて行ってくれた。

「じゃあねタナカ！　手紙出すからね！　またいつか会えたらいいな！」

「ありがとうハッサン！　サラム！　キミたちの親切は忘れないから！　タナカのことも忘れないで！　元気でな〜〜〜！」

「グッドラックタナカ〜〜〜！」

そして、バスはジュソールの町を後にした。


ダッカ行きのバスの中、私は柄にもなく少ししんみりとした気分になった。

久しぶりに、楽しい出会いだったなあ。1日しか滞在しない町の片隅で、たったひと言挨拶を交わしたことで、こんなに心に残る出会いが生まれるんだな……。良かった。**決して面倒くさがらず、地元の人々と積極的に触れ合うスタイルの旅を続けて来て良かった。**

私はいつまでも、2人のことを忘れないだろう。きっとハッサンとサラムも、**日本からやって来た旅行者「タナカ」のことを、ずっと忘れないでいてくれることだろう。**

…………。

ごめんなさい、最後までウソついて（涙）。

その後私は、時々ハッサンとサラムを夢に見ては、**罪悪感でうなされている**。そして睡眠導入剤は増えた。

……………。

以上が、私がバングラデシュの田舎町で巡り会った、現地の少年たちとの心温まるふれ合い体験である。

私はこの経験を通じて、以前から抱いていたひとつの考えについて、改めて確信を持った。

それは……、**貫き通せばウソも真実**。

アイルランドの哲学者バークリが、こんなことを言ったそうだ。「存在とは、知覚されることである」。つまり、物事は、誰かがそれを認識した時に初めて存在することになるのだ。逆にいえば、「**私がウソをついていた**」**という事象をハッサンとサラムが認識しない限りは**、「**私がウソをついた**」**という事象は存在しないことになるのである**。私自身は認識しているが、繰り返し「俺はウソなんてついてないんだ」と念じ続けることで私が私自身をも洗脳してしまえば、そのウソは宇宙から存在を消し、真実に姿を変えるのだ。
大人たるもの一度ウソを口にしたからには、断固として最後までウソをつき通し、ウソを真実にしなければならない。それがウソをついた者の責任……、奥さんや旦那さんに対しての、誠実さなのだ。決して不貞を働くことそのものが不貞なのではない。行った不貞について半端な隠し方をすること、あるいは罪悪感に負けて喋ってしまうこと、それこそが相手に対する最大の不貞行為なのである!!!

……………。

なんの話これ?

まあ旅をしていると、こういう哲学的なことを考える時間も出て来るのですよ。特に移動中とか暇だから。

あなたならどうする? もし私と同じ境遇に立ったら、みなさんはウソのタナカを貫くか真実を話すか、それとも家庭裁判所へ申し立てて改名するか……。みなさんそれぞれの答えを見つけてもらえたらと思います。

有名な日本人「タナカ」の来訪を記念して集まった大家族（前列右がハッサン、左がサラム）

6

動物のトラブル

〈トルコ・ペルー〉

トルコの首都・アンカラから乗った長距離バスは、夜中の3時に私一人をイスタンブールの路上に放り出すと、血も涙もないスピード感で闇の中へと消えて行った。

ううっ、待ってくれ～～！　行かないでくれ～～～！　**ああ寒いっ!!　寒い怖いっ、心細い～っっっ!!!　ここはどこなのですかっ!!!　そんなさっさと去ることないじゃないバスっ!!　せめてブレーキランプ5回点滅させて「ア・イ・シ・テ・ル」のサインくらい送れないのっ**（**ドリカム世代**）**!?　薄情者!!　やめてバカっ**（**泣**）**!!!**

私はおよそ9時間前に、アンカラのバスターミナルで「イスタンブール行きの夜行バスはありますか？」と尋ね、案内されてバスに乗ったのだ。

普通「イスタンブール行きの夜行バス」といったら、ひと晩走って朝7時くらいにイスタンブールの長距離バスターミナルに到着するものでしょうよ。なんで夜中の3時ジャストに**真っ暗なただの道端**に放り出されないといけないんですかっ。私が日向坂《ひなたざか》46の高瀬愛《たかせま》奈《な》ちゃんにも負けないくらいの未曾有の怖がりだと知っての狼藉ですかっ!!!

どうやら私の乗ったバスは「イスタンブール経由のどこか（謎の場所）行き」であったようで、他に降りる乗客は誰もおらず、私たった一人が「おい、着いたぞ降りろ！」と叩き起こされ降ろされたのだ。もうバスの姿は見えない。見えるのは闇に溶けかかった往来とさびれた住宅のみ。ここが本当にイスタンブールだという証拠もない。仮にイスタンブールじゃなく**強盗州旅人襲い県日本人刺し殺し村**に降ろされていたとしても、私は気付く術《すべ》がない。

見渡しても覇気のない街灯が忘れた頃に現れる程度で、3時ともなれば家から漏れる光もない。

いやーー。**こんな不安がありますかねしかし**。

今は3月。まだまだ冬だ。アンカラの前にいたカッパドキアでは、雪化粧が還暦に近いスナックのママくらいの厚化粧だった冬。

たとえ日本の、自分の家の近所だとしても、「寒い冬の、真夜中に外出」というのはかなり気味の悪いシチュエーションだと思う。なおかつ、ここは生まれて初めて来た町だ。「外国の初めての町」なんて、たとえ昼間に着いても相当心細いものである。それが今は、**寒い冬の真夜中に**、**外国の初めての町に到着**である。これはもう**不安ポーカーならフォーカード**、大変な高得点の手札だ。もしこの手札をひっさげて私が映画『タイタニック』冒頭のポーカーの場面に参戦したら、きっとディカプリオに代わって私がタイタニック号の乗船券をゲットしていたことだろう（そして沈んだであろう）。

ああ、不安だ……。とにかく不安。側女《そばめ》になった初日に寝所で殿を待つ町娘くらい不安（想像が難しい例え）！　こんなことならどこでもいいから終点まで一緒に行きたかった！

背中には20kgのバックパック、胸前にも小さなリュックサックをくっつけたサンドイッチスタイル。さらに手にも寝袋や毛布や水やらの入ったデカ袋を提げ、行商人なみの身重の私。

とりあえず立ちすくんでいても埒があかないので、前か後ろかどちらかに進むことにした。なんとなく、前方の遠方に建物が多い気がするなあ……あっちに行ってみるか……。体を揺すり、えっちらおっちらと歩き出す。しばらくは家もまばら、草むらの間の細道。こ、恐いい～～、恐いよ～～寒いよ～～風呂に入りたいよ～～温かいトルコ風呂に～～～ベッドにも入りたい～～せめて部屋に入りたいっ。強盗に見つかる前に宿かタクシーを見つけたいっ!!　贅沢は言いません。ただ屋根のある家に入りたい。そして横になりたい。それが私の夢です……神様どうかお願いです、私を五体満足で無事に部屋というものへ入

らせてください……どうかお願いします……うう寒い…………**ガブッ**

………………。

おや？

なんか今、「ガブッ」って聞こえなかった？　なんの音？　なにかしらこんな夜中に、随分近くから聞こえて来たようだけ**どああおおおっ（涙）‼　いだ〜〜〜〜〜〜〜足がっ‼**

足が痛いっ!!!　なにこれ！　なにっ‼　なにっっっ（泣）!!!

ガブッという効果音とともに突然体を貫いた痛みに振り返ってみると、あらびっくり、**筋肉質の野犬が、私の右のふくらはぎをジーパンの上から力いっぱい噛んでらっしゃるじゃありませんか。**

ひぎゃあああ〜〜〜〜〜〜〜〜〜〜〜〜っ（号泣）!!!

な、なにをやってるの‼　いただた離してっ、俺はドッグフードじゃねーよ‼　やめて食べないでっ!!!　美味しくないから‼　安全性に問題があるから‼　遺伝子組み換えしてるから俺のふくらはぎはっ!!!　控えた方がいいですその部位を食べるのはっ!!!　いや恐い痛いあ〜〜〜〜〜っっ!!!　おぎゃ

〜〜〜〜〜〜〜〜っっ（号泣）!!!

……腹にリュック背にバックパック、手にも荷物で**足には野犬**。ちょっと混沌とし過ぎじゃないでしょうか私の装備。斬新すぎるファンションよっ。

身動きが取れないまま情けない声で何度か悲鳴をあげると、野犬くんはもぐもぐタイムを終えて私の足から口を離し、そのままの体勢で2、3歩後ずさった。そして急に歯をむくとガルルル！と唸り、堰を切ったように吠え出した。

「ガウワンワンワンワンッ!!　バウワウワンワンワンワンッッ!!　ガルルルバウワンガウワンワンッッッ（怒）!!!」

「ひえ〜〜〜〜っ!!　やめてケロ！　許してケロっ（涙）!!」

「ワンワンワンワンッ!!　バウワウワンワンワンワンッッ!!」

「やめてっ！　来ないで!!　そっ、そそそれ以上近づいたら、**若い衆を呼んだるでぇ!!　奴らはムショに行くことなんて恐れないんだでぇっ（泣）!!**」

いやあああ、恐い……恐いいい……。

恐いけど、あの、ひとこと言わせてもらっていいですかお犬さん？　あのねお犬さん。

吠えてから噛めよっっっ!!!　なんで先に噛んでから吠えてんだよおまえはっ!!　どう考えても順番逆でしょうよっ!!!　世間一般の犬は「近寄るな！　それ以上近づいたら噛むぞガウワウ!!」と威嚇で吠えて、それでも近付いた場合に噛むもんでしょうがっ!!!

あなた、刑事ドラマとか見たことないの？　あぶない刑事もジャック・バウアーも、犯人に対してまずは「動くな！」と警告して、それでも動いたら撃つでしょ？　**ズギュンと撃ってから「動くな！」とは叫ばないでしょうよあぶない刑事は!!!　あぶない刑事のようなあぶない奴らですら順序を守れるんだから、キミのような常識ある野犬が同じことできないわけないと思うんだっ!!　僕わかってるんだからあなたが常識をわきまえた野犬だってこと!!!　期待してるから言うんだよこれっ!!!**

……………………。

私の思いが伝わったのか伝わっていないのか（伝わっているわけない）、心なしか犬もガウワウと吠えながら「あれ？　なんかおかしいな？」と首を傾げている様子だ。

多分、この犬さんはぐっすり就寝中に私の気配で飛び起きたものだから、寝ぼけたまま「あれ、縄張りに入られたらまずどうするんだっけ？　**ええいとりあえず噛んどけ！**」と正常な判断力を失ったまま噛みついてしまったのではないだろうか。そしてようやく頭もハッキリしてきて「**ガウワワウワウ**‼　うーんなんか順番間違えた気がするな……**ガウワウワウッ!!!**」と歯をむきながら自問自答しているのだろう。

ともかく私は「ひえ〜〜〜〜っ！」と甲高い声で叫びながら、必死に夜道を逃げた。助けてっ‼　誰かっ‼　桃太郎印のきび団子を‼

つい3分前まで「寒い冬の真夜中に、外国の初めての町」という不安のフォーカード状態だったが、今では**寒い冬の真夜中に、外国の初めての町で野犬に襲われる**という、**不安のロイヤルストレートフラッシュ**の完成である。そんな手札はいらんっ。

スタコラと懸命の早足で逃走し続けると、幸い私が縄張りから出たからか、それとも単に眠かったからか、お犬様は一定以上は追って来ず、自分の寝床に帰って行った。ううっ……、いいなあ寝るところがあって。僕も泊めてっ（涙）‼

その後、ノラ犬さんから逃げたまま慣性の法則でなにも考えず歩き続けていると、なんと「この先イスタンブール中央バスターミナル」の看板が登場。なんと！　本当にここはイスタンブールだった！　そして意外と現在地は長距離バスターミナルの近くであった！　嬉しい、案外いいところに降ろしてくれていたのねさっきのバスの運転手さん。**だったらついでにバスターミナルまで行って降ろしてくれたらよかったんじゃないのっ!!　10時間以上も走るんだから一瞬だけ親切の遠回りしてくれたって運行に影響ないでしょうがっ!!!　その一瞬の気遣いで僕がどれだけ楽になったか!!!　この距離歩かされたおかげで僕は真夜中に野犬に噛まれて不安のロイヤルストレートフラッシュよ!!!**

まあ、親切は強要するものじゃないですよね……。いいさ僕は、寂しいのには慣れてるから……。

なお、やっと辿り着いたバスターミナルは、**明かりという明かりがすべて消え、完全に営業終了の状態であった。**

しかしそこから先は、また別の話。

……………。

ということで。私が初めてイスタンブールに到着した夜の、現地のノラ犬との温かいふれ合いのエピソードであった。

冬のため厚手のジーンズをはいており、犬もまた寝起きでウォーミングアップ不足だったため、私の足は無事であった。後で裾をめくって見てみたが、せいぜいクリリンのおでこについているお灸程度のソフトな傷跡の並びで、皮こそ剝けていたが流血沙汰にはなっていなかった。

しかし海外では、絶好調のノラ犬に本気で皮膚を噛み貫かれてしまう旅行者もいる。恐ろしいのは、ノラ犬がいるような地域に限って**狂犬病**も現役であるということだ。狂犬病はかかったらまず死ぬ。外国で弱っているノラの子犬を保護し、しばらく宿の部屋で飼っていたら**じゃれ合っている時にちょっと噛まれて狂犬病にかかって死んだ旅行者**もいる。

動物好きな旅行者にとってはアジア、南米、アフリカなどノラ犬が多い地域はパラダイスにも感じられるが、犬、あるいは猫や猿やコウモリからも狂犬病は感染する危険があるので、残念ではあるけれど、動物は見て萌えるだけにしておき、直接的な接触は避けた方が良い。

ところで、海外を旅する上で、旅人にとって一番の敵となる動物とはなんだろうか？　いろんな意見があるとは思うが、旅人ほぼ全員が漏れなく被害を受けていて、ほぼ全員が「敵である」と認定し、不快になるだけでなく実際に感染症などで大ダメージを被ることもある、旅人……いや人類共通の敵といえば、**蚊**ではないかと思う。……「蚊は『動物』とは呼べないのではないか？」という指摘は**私には聞こえない**。

蚊なんて小さいし、日本にも普通にいるし蚊取り線香も効くし、せいぜい強さとしてはボクサーに例えてもモスキート級ほどの、恐るるに足らぬ存在だと思われるかもしれない。しかし、日本の感覚で海外の蚊と向き合うのは大変危険なのである。

そう、あれは私が、南米のアマゾンを旅行した時のこと……。

ペルーのイキトスは、ブラジルやコロンビアの国境とも近い、アマゾンツアーの拠点となる町である。

私も飛行機でイキトスの町に着くや否や旅行会社を回り、一番安いツアーに申し込みをした。

翌早朝、地元出身ガイドのセニョール・ウィルダーがホテルまで迎えに来て、まずは乗り合いバス2時間でアマゾン川の船着き場へ。そこで一緒にツアーに参加するペルー人の家族と合流。ペルー人家族の構成はお父さんお母さんと3人のお子さん。1番下が10歳くらいの幼い娘さんだ。

そこからみんなでボートに乗り、3時間ほどアマゾン川を上ってジャングルの中の古びたロッジへ。このロッジがこれから3日間の宿泊拠点となる。

到着してすぐウィルダーが「ジャングルウォーキングに行くぞ!」と号令をかけたので、我々はひと息つく暇もなくロッジを出た。ああ……、行きたくねえ……。アウトドアな活動超苦手なんだよね俺……(涙)。できることなら自分だけ残って宿の猫と遊んでいたい。

ロッジを出ると、ほんの30秒で薄暗い密林に突入する。熱帯雨林気候のため気温は高いが頭上は木の葉でびっしり埋め尽くされており日光が差し込まず、ジメジメと大変な湿気である。

ガイドのウィルダーを先頭に次がペルー人家族、そして一家のお父さんに続いて最後尾が私。一列縦隊でジャングルに踏み入って行く。

ここがあのアマゾンか……。水曜スペシャルで川口探検隊や藤岡探検隊が**巨大怪蛇ナーク**や**原始恐竜魚ガーギラス**を捜索に来たアマゾンのジャングル……。そんないな。ジャングルにこんな丸腰で入っていいのか万が一巨大怪蛇が出て来たらどうするんだ？　そんなことになったら不本意だが前を歩く子どもたちを生け贄に差し出し、彼らが丸飲みになっている隙に逃げるしかないじゃないか。やめてくれよ、私にそんな残酷なことをさせるのは。それしか手はないとはいえ、誰よりも子ども好きな私にそんな辛いことをさせちゃダメだよ。考えたくもないよそんな酷いこと。まあやるし

IDとPWがなくても誰でも入れる、セキュリティの緩いAmazon

かないけどさ、いざとなったら。

……………。

あのー。

それはそうとですね。なんかジャングルに1歩足を踏み入れた時から、視界のあちこちで黒い集団がぶんぶんぶんぶんぶん飛び回ってるのが見えてるんですよね。これって、あれですかね？　**飛蚊症**《ひぶんしょう》？

眼科に行った方がいいかな……。相当ひどいよこの飛蚊症。1匹や2匹のレベルじゃなくて、**渦**《うず》**のレベル**で見えるもん飛蚊が。ほら、自分の腕なんか見てみても、常時たくさんの蚊がくっついているように見えてるよ、なぜならば、**実際に止まっているからなっ!!!　ものすごい数の蚊が!!!　ぬおおおおおっ!!!**

「あらまあ蚊が何匹も飛んでいるなあ」なんていう呑気なレベルではない。**竜巻だ。**頭上を覆う無量大数枚の木の葉に潜んでいた蚊たちが、我々獲物の侵入を察知して一斉に襲い来《き》り、人間を中心にした**竜巻のような蚊柱**を作っている。どうりで、なんかさっきから前のお父さんが5センチくらい宙に浮いてるなあと思ってたんだよ。蚊の竜巻に巻き上げられてたからなんだね……。

あ痛いっ!! 指がっ!!

小指にお注射されたような痛みを感じ見てみると、でっかいアマゾン蚊が右手の小指第一関節に止まり、私の大事なエナジーをごくごく吸血していた。**ヘアッ!! バシッ!!!**で、でかい……。死体にしてじっくり観察してみると、アマゾン蚊は1匹のサイズが日本の蚊の5倍くらいある。あまりにも巨大。さすがアマゾン蚊……、GAFAの一員だけあって、日本とはスケールが違い過ぎる……イノベーションを繰り返し桁違いの成長を見せている……。あっ。

痛っ! バシッ!! くっ……(板橋区)。

ねえ、蚊に刺されて痛いってことある? 蚊って、刺されてる最中はわからずに、後から「いやんかゆーい、蚊に刺された!」って気付くものでしょう。痛くて刺された瞬間気付いちゃうって、どんだけ針が大きいんですか? 巨大アマゾン蚊さんは針もスタバのストローくらいの立派な物をお持ちなのでしょうか? 欲張りすぎでしょちょっと!! 人の血をもらうんだから、もっと控え目にちびちび吸ったらどうなんだ! 渋谷の献血ルームなら血を提供すると美味しいドーナツとアイスがもらえるんだぞ!! それに比べておまえらはドーナツも用意しないでただ血を取るだけって、虫がよすぎるだろっ‼　悪い虫のくせに虫がよすぎる!!!　ていうか**うがーーーっすごい数!!!　四方八方から‼　ストローなみの針を持つ恐ろしい蚊らが‼　モスキート級のくせに針だけはストロー級の怪異ども!!!　なんですかもうっ、そんな渦巻き行列まで作って‼　今ジャングルでは列をなして僕を吸うのがブームなんですかっ‼　俺はタピオカかっ!!!　そしてキミらは10代女子かっっ!!!**

　まあ相手が蚊といえども、こんなに自分を必要としてくれる存在がいるというのは承認欲求が満たされて嬉しくもあるのだが、当然ながら私だけが特別に人気者というわけではない。前を行くペルー人ファミリーも全員大群の襲撃を受け、駆け足したり叩いたり怒鳴ったり大混乱である。一番小さいお嬢ちゃんはもはや蚊を払いきれず大泣きしている始末。小さい子からしたらこのアマゾン蚊はプテラノドンくらいのサイズに感じられるだろうからそりゃ恐いだろう。

　隊員たちの混乱を察したのか、先頭のウィルダーが大木の前で立ち止まると我々の方を振り返った。……お願いしますよ隊長。あなただけが頼りなんだから！　なんとかしてく

ださいこの地獄の局面を‼

ウィルダーは全参加者を見回すと、力強く話し始めた。

「いいか、おまえたち。これが、ゴムの木だ。おまえたちが使っている輪ゴムもこの木の樹液から作られるんだぞ。それから隣の木はウォーターツリーな。ほらこうしてナタで切れ目を入れると水が出て来るだろう？　飲めるんだぞこの水は」

へ〜〜、なるほどこれがゴムの木か〜〜って**やかましいわっ!!!**

誰がゴムの木の説明をじっくり聞いてられるんだよこの状況でっ!!!

こっちは生き血を求める1000匹のウォーキングデッドに目下命を狙われてるんじゃ!!!　珍しい木の話どうでもいいわっ!!!

……ペルー人家族も含めて、ウィルダーの話を聞いている者**誰もおらず**。人間、自分の周りに1000匹の蚊が飛んでいたら、蚊以外のことなどなにも考えられなくなるものである。ゴムの木はもちろん、仮に目の前に「ガオオオ〜〜〜ッッ!!!」と吠えながら**巨大怪蛇ナークや原始恐竜魚ガーギラス**が現れたとしても、今の我々は「**うるせえおまえに構ってる暇はないんじゃゃっっ!!!**」と蚊を払いながら叫び、ナークも「ごめんなさいっ。出直して来ますから許してください……。そんな怒らなくても……ナーク泣いちゃう(涙)」と反省の弁を述べながらすごすごと帰って行くことだろう。

しかし単身余裕で珍しい木の解説をしているウィルダー、なんであんたは平気なんだ?後ほど聞いてみたところ、彼らは**小さい頃からジャングルで育っているので蚊に刺されても平気な体になっている**らしい(刺されないのではなく「刺されても平気」とのこと)。これはもう、進化ですね。

再び歩き始めるが、隊列を追って渦巻く蚊柱も移動、大量の巨大蚊が常に顔や髪の毛を掠めて飛び続けている。くそっ……、近い‼ パーソナルスペースに入って来んな貴様らっ!!!

ちなみにこんなこともあろうかと、私はロッジを出る時に腕や顔、首筋やおへそなど露出する部分には念入りに蚊よけスプレーをかけて来たのだが、なにしろここは熱帯雨林。噴き出す汗により肌の薬液はとっくに流れ去っている。よって私も前を行くファミリーと同じように、露出部を常時擦りながら歩く。

ん? おかしいな。僕の前のお父さんって、こんなチョコマーブルみたいな白黒のシャツ着てたっけ？　ジャングルに入った時は真っ白なTシャツだった気がするんだけど？

…………………。

ぎょえええええええーーーーーーー!!!

蚊がっ!!　蚊が張り付いているっ!!!　シャツと一体化して模様のように!!!　そして、シャツの上から血を吸っている!!　服を貫通して背中の血を!!!　お父さんの背中にずらーーっと整列して一斉に血を!!!　あな、いみじっっ（現代語訳：ああ、ひどい）!!!

おえ〜〜〜〜〜〜〜〜〜〜〜〜〜〜〜〜〜っ。

気持ち悪すぎる。そうだ、こいつらはただの蚊ではない、とんでもない針を持っているアマゾン蚊なのだ。そもそも普段これらの蚊は、ジャングルで獣の厚い皮を突き破って血を吸っているはずである。そのようにアマゾンに順応して進化した巨大蚊なのだから、人間の上着くらい簡単に貫けるのだ。**お父さんっ!!!　いいですかスプレーしますよ!!　背中の奴らを一網打尽にしますよいいですねっ!?**

ブシュオオオオーーーーーーーーーーーーーーーーーーッッ!!!

私はお父さんに警告すると、背中から**めちゃめちゃキンチョールをかけた**。こんなこともあろうかと、私はキンチョールをリュックに入れて持って来ていたのだ。狂乱しながらお父さんの背中、そして自分の手足に頭、さらには周囲を黒く覆う竜巻にも大噴射をお見舞いする。この1時間だけで、私は1000を越える殺生を行ったはずだ。もし将来日本が蚊の王国と戦って敗北したら、私はA級戦犯として真っ先に処刑されることであろう。

……それからほうほうの体でロッジに逃げ帰った我々だったが、ロッジはロッジでまた蚊の巣窟となっており、私はツアー中の3日間で100箇所以上蚊に刺された。一応正確にカウントしてみようとも思ったのだが、左手の手首から先だけで15箇所あったため、それから先は数えるのをやめた。

絵に描いたような典型的なA型である私の血を大量に体内に満たしたアマゾン蚊たちは、きっと今ごろ神経質で潔癖な性格になり、**今日から電車のつり革を持てなくなっていることだろう**。**ざまーみろ**!!

…………。

以上が、私が南米のジャングルで体験した、恐ろしい巨大蚊軍団との邂逅《かいこう》である。奴らは血を取るくせにドーナツもアイスも無料ネイルサービスも用意せず、それどころか猛烈に痒くし、時として**マラリア原虫やデングウイルス**すら注入して来る。ギブアンドテイクの精神をわかっていないにもほどがある下郎どもだ。

なお、何十箇所と刺されると痒みは連動し始め、どこか一箇所を掻いてしまうと他の刺し跡……もう消えかかっていた刺し跡の痒みまでが復活し、気付けば靴下まで脱いで全身をかきむしっているという事態になる。そうなった時みなさんもきっと私と同じように、**たとえ地球上の3分の1の酸素の供給が止まろうとも、アマゾンをすべて焼き尽くしてやりたい**と思うことであろう。

寒冷地に行くのでなければ、なんとしても旅行には蚊取りグッズを持って行くようにしよう。スプレーは飛行機で運べないが、蚊取り線香や電池式の虫除けを複数持って行き、さらに現地に着いたら**1日目に殺虫剤を買う**。そのフル装備を整えて、旅をスタートしよう。殺虫剤がなければ、蚊とも、安宿に頻繁に登場するゴキブ○とも戦えないのだ。

7

勝手に出て来るガイド

〈タンザニア〉

とりわけ一人旅をしていると陥りがちな傾向が、**人を信じられなくなる**というものである。

海外に飛び出したばかりの旅人は、まるでこの世に飛び出たばかりの赤ん坊のように、疑うことを知らないピュアな心を持っている。

しかし例えばインドなどを旅行して、「駅まで100ルピー（160円）」という約束でタクシーに乗ったのに、到着してから「着いたぞ。料金は、**500ルピーだ**。おまえの分が100ルピー、**荷物の運賃が400ルピーだ**」と5倍の金額を請求されたり、「料金は、**100ドルだ。誰がルピーって言ったんだよ？　俺は最初からドルって言っただろうが**」と60倍の金額を請求されたり、あるいはそもそも駅にすら着かず、勝手に旅行会社に連れて行かれて強面の男に取り囲まれ**2000ドルくらいの法外なツアーを組まされそうになったり**、そういう事態を経験して行くと、**人は変わる**。

この世には、自分の国に興味を抱いて大事なお金と時間を使って訪れてくれた外国人を、なんの迷いもなく欺ける人間がいる。その衝撃の事実に直面して旅人は「あ、俺、無条件に人を信じてたら**3日以内に所持金全部なくなるな**」と悟り、**心の阿修羅像を「友好」か**

ら**「憤怒」へ顔面チェンジ**するのである。
「自分探しの旅」というフレーズは今では失笑の対象となることも多いが、私は旅には「自分を見つける」という側面は確かにあると思う。初日にはおどおどヘラヘラし「サンキューサンキュー」「ソーリーソーリー」しか言えなかった自分が、1ヶ月後には「あれ、おかしいなあ。あなた始めに『100ルピーでいい』って言ったよね？　確かにそう約束したよねえ？　ねえねえ、**大人しくしてりゃいい気になりやがってっ!!!　テメエ外国人だからってナメてんじゃねえぞコラッ!!　ケンカならケンカ言うてはっきり言えやっ、いつでもこうちゃるけえっっ!!!**」と、『仁義なき戦い 完結篇』の松方弘樹くらいドスを効かせて迫れるようになっており、その迫っている自分をもう一人の冷静な自分が「うわ〜〜、俺ってこんなに感情を剥き出しにして誰かを怒鳴ることができたんだ……。すっかり君子のつもりだったけどこんな凶暴な一面もあったのね俺って……なんか新鮮……」と分析していたりする。
そのように**今まで知らなかった新しい自分を発見できる**という点は、まさに「自分を探せる」という旅の要素ではないかと思う。残念なのは、「他人を感情剥き出しで怒鳴ることができる自分」は、**一生発見しない方がいい自分**であるということだ(涙)。

ちなみにインド(特に北インド)は特別にそういうトラブルが多い地域であり、毎日何度も何度も何度も何度もウソをつかれコケにされ旅程を狂わされると、自分は**人間なのに怒りすぎてスーパーサイヤ人に変身するのではないか**と思うほど、未知のゾーンの怒り狂いに突入することが出来る。その貴重な体験と引き換えに、旅人は信じる心を失うのだ。

たとえメロスとセリヌンティウスの友情を目にして改心した直後の王様でも、お城からの帰りに北インドに立ち寄って悪徳タクシーに連続でぼったくられたら、**この3日間のことはすべて忘れ、一瞬にして元の邪智暴虐《じゃちぼうぎゃく》の王に戻ることだろう**。その後は「王様は人を殺します。**前以上に人を殺します**(**涙**)」と、民衆も嘆きを募らせるに違いない。

なお、旅人がピュアな心を破壊される出来事といえば、タクシー・乗り物系と、もうひとつ**ガイド系**が双璧であると私は思っている。

ガイド系はタクシーよりもトラブルのパターンがバラエティに富んでいるのだが、「旅行あるある」と呼んでもいいような、典型的な事例をひとつ紹介したいと思う。

タンザニア北部、ケニアとの国境近くに、モシという町がある。

モシはアフリカを回る旅行者には有名な町である。というのは、灼熱の大陸にありながらその頂には銀雪を見せる、アフリカ最高峰キリマンジャロ……そのキリマンジャロ山への入口となるのが、ここモシなのだ。

キリマンジャロは大陸最高峰の割には登山未経験者でも頑張れば登れる山で、そして頑張る旅行者のために、モシの町にはレンタルの登山用具や熟練の登山ガイドなど、必要な物がなんでも揃っているのである。うひょー、頼モシ〜!!

もちろん、そんな魅力溢れるキリマンジャロ登山に、私は、**チャレンジしない**。……なぜかって？　そりゃああなた決まってるでしょう、**こっちはアフリカ縦断してるだけで疲労困憊でライフが0なんじゃっ!!!　この上何日もかけてシャワーもWi-Fiもない6000mの山に歩いて登るって、バカじゃないのっっ!?**
※あくまで個人の感想です
苦労して登ったところで、結局何が見れるかっていったらせいぜい**綺麗な雪**とかだし。東京でも見れるじゃん雪くらい。雪は雪でもＡＫＢ48チーム８の春本ゆきちゃんがいると

かだったらまだ登る気にもなるよ？　頂上でゆきちゃんが個握やってるとかいうんなら頑張るけどさ（個握＝個別握手会）、でも実際6000mも登っているのは握手どころかニコリともしない塩対応の雪じゃん。行ってもしょうがないよねそんなの。#タンザニア　#登山嫌いな人と繋がりたい

ということで、引きこもり旅行者のプライドは立派に守る私ではあったが、一応、登山口までは行ってみることにした。せっかくモシまで来たんだから、近くで山の写真くらいは撮りたいじゃないの。#キリマンジャロ　#カメラ女子　#ファインダーは私のキャンバス　#かわいいかったらRT

乗り合いバスで1時間、さらに地元のみなさんに混ざりトラックの荷台に積まれ15分、登り登って「マラング・ゲート」という登山口へ到着した。驚くことにゲートにはこれから入山しようという旅行者が大行列を作っている。すごいなあ。みんな今から山小屋を渡り歩いて何泊もしながら山を登るのか……。尊敬します。そしてみなさん、**変態ですね？**

で、私は写真さえ撮ればもう登山口には用はないのだが、すぐ帰るのもなんだかもったいない。そこで私は登山口周辺で、ひとつ目的地を定めた。ガイドブックによると、この

付近にはキリマンジャロの存在感のせいでほとんどの旅行者から無視されている、**ムバへ滝**というこぢんまりした滝があるらしいのだ。面倒くさいけど、せっかくなのでここに行ってみよう。

ただ、ガイドブックには滝への地図はなく、場所の説明は「付近の集落の中をしばらく進み……」とか「家を数軒過ぎたら横の獣道に入り……」とか、**読み手を真面目に目的地へ導こうという意欲があまり感じられない文章**があるのみだった。担当のライターさんが「どうせみんなキリマンジャロに登るんだから、こんな滝の説明なんて**誰も読みゃしねーよ**」とやっつけ的に書いたシーンが容易に想像できる。だが、**ガイドブック制作者の予想を裏切る人間**がここにいるのである。手を抜かないでもらいたいものだ。

もちろん私は説明文を読んでもまったく進むべき方向がわからず、ゲートの付近で右往左往していると突然一人の現地少年が現れ、「ムバへ滝に行くの?」と声をかけてきた。

おお、確かにそうだが、どうして私が滝に行きたいとわかったのだろうか? もしかして「こいつは山に登りそうなタマじゃないなあ。どうせ苦し紛れに滝でも見に行くんだろ」なんて思ったのかい? **なんだバカにしやがって!!! その通りだコ**

ラっっ!!!

「ああ、そうなんだ。実はちょっと**体調が悪くて**、キリマンジャロには登れそうもなくてね。こふっこふっ……(咳)」

「ふーん。でも道がわからないでしょう？　僕が連れて行ってあげるよ」

「なにっ！　本当かい？　イットイズベリーナイスオブユー。それは助かるありがとう！」

「OK、じゃあついて来て！　足元に気をつけてね」

坂道というよりはただの丘の斜面を、少年の後を追ってヨレヨレと下る。小学生くらいの(学校に行ってはいないと思うが)キッズなのに、「カモーン！」と言いながら先導してくれる姿はとても頼もしい。

ただ、少年の親切心を疑うわけではないが……、いや正直に言うと**疑うわけではあるが**、こういう時、旅にすれた**邪智暴虐の旅行者**としては、あらかじめ確認しておかねばならぬことがある。

「ヘイ子ども！　気を悪くしたらすいません。これはあくまで形式的な質問なんですけどね、この後『案内してやったんだからガイド料払え！』とか言ってお金を請求されるようなことはないよね？」

「なに言ってんのさ。**ノープロブレムだよ！**　お金なんていらないから安心して。ただ滝まで連れて行ってあげるだけだから」

「わわっ、そうだよね。変なこと聞いてごめんね」

「うん、大丈夫だよ！　気にしないで」

……ああ、俺はバカだっ。このバカバカ（頭をポカポカ）！　**バカバカバカバカ（尖った岩で頭を殴打）!!**　こんな小さな子どもまでを疑いの目で見てしまうなんて、俺はなんて汚れた大人なんだ。旅をすると、人はどんどん性格が歪んで行くね。旅は本当によくないよ。やめた方がいいよ旅なんて。

「途中で僕の住んでる村を通るから、村の中も案内してあげるね」

「ありがとうー。キミは将来出世するよ。CEOやCFOになれるよきっと」

少年の集落は、山の中に土や木で出来た住居が点在している程度のとても小さな……、アメリカのカリフォルニアあたりの地主の子どもが**リビングルームにレゴブロックで作った町とどっこいどっこいな規模**の、ミニマムな村であった。しかしそんな集落を行くと途中で少年の友人が次々と合流し、いつしか我々は6人のグループになっていた。子どもたちは口々に「これはサファリツアーだよ！」と言う。サファリツアーというのはジープに乗って国立公園へ動物を見に行くツアーのことを言うが、どうやら彼らにとって私を村や滝へ案内することは、ツアーごっこという位置付けらしい。

お子様たちはツアーガイドを気取って、村で目に付くものを私に逐一説明してくれる。まあ説明というか、全員で一斉にそのものの名前を叫ぶだけではあるのだが……。

「コーヒー！　コーヒー！」

「へえー。これがコーヒーの葉っぱね……」

「**ニョソ!!　ニョソ!!**」

「ほお～。これがニョソね……」

「**モヘンガ!!　モヘンガ!!**」

「なるほど～～。これがモヘンガかあ……」

…………。

もちろん**2個目と3個目はなんのことやらさっぱりだ**。子どもたちは名前を叫びながらいろんな葉っぱやら枝やらを手渡してくれるが、私は植物の知識がないので見てもなんだかわからないし、名前を聞いてもやっぱりなんだかわからない。つまり**なんだかわからない**。ここだけの話、**あんまり興味もない（涙）**。

こういう時、欧米人だったら初見の枝にも「オープリティ！」とか国際的なナイスリアクションを取っちゃえるのだろうが、私のような会話検定15級の素人は、枝を渡されてもせいぜい「これってこうやって使うの？」と言いつつ**子どもの頭をビシビシ叩く**くらいしか対応が思い浮かばない（そしてそれはおそらく間違った対応）。

その後も彼らは集落にあるほとんどすべてのものを順番に説明してくれる。とある家の前には木組みの小さな檻がいくつもあり、その中に様々な動物が入っていた。1つ目の檻にはウサギだ。

「ラビット！　ラビット！」

「おー、なるほど。これがラビットか。まあ知ってるけど」

次の檻には鶏が。

「チキン！　チキン！」

「おー、チキン……なるほど……」

そして次の檻には豚が。

「ポーク‼　ポーク‼」

「おーっ、これがポークね……」

まあなんというか、タンザニアは長距離バスで移動中に**窓の外に野生のキリンが見えたりするところ**なので、これら小中動物にはそう目新しさも感じなかったりする。ただ、これらは当然食べるために飼っているのだろうから、鶏や豚と一緒にウサギがいるというのはなかなか興味深い。ウサギ美味しこの山……。そして同時に、**生きてる豚なのにもうポーク呼ばわりされているところ**もまたちょっと興味深い。私の記憶が確かならば、豚はピッグであり、**ポークは豚肉**だ。まだ元気に動き回っている今から豚肉呼ばわりされてしまったら、豚も生まれて来た意義を見つけ辛そうである。実際ポークと呼ばれた豚さんは顔をしかめ、ブーブーとブーイングをして不満を表明していた。

今度は奥の住居から、民族衣装を身につけたしわしわのおばあさんが現れた。また子どもたちが叫ぶ。

「グランドマザー!!　グランドマザー!!」

「おーっ。これがグランドマザーか……」

なんかチキンとポークの流れでグランドマザーを紹介されると変な感じっ!!　よくないですよっ、グランドマザーをその流れに組み入れるのは!!　これも食べるのもしかして!?

グランドマザーは多少ヨボヨボしているが、紹介を受けてにこやかに「ハロ〜」と歩み寄って来た。私も挨拶を返すと、おばあさんはこちらに向けて両手を差し出し、猫なで声で言った。

「マネ〜〜〜♪（金くれ）」

「いやいやっ!!　なんでやねん!!!」

おばあちゃん！　おかしいでしょ!!　なんで初対面の外国人に出会って3秒でお金をせびるのっ!!　子どもたちは親切でガイドしてくれてるのに、手本となるあなたが銭ゲバでどうするんですかっ！　このグランドマザー、悪いグランドマザーですっ（涙）!!!

「マネェ〜〜〜（金よこせ）♪」
「**やかましいわっ!!!**」

諦めの悪い強欲グランドマザーを振り切った私は、もうそろそろ滝へ連れて行ってくれたまえよと子分たちに依頼した。ようやくツアーごっこもメインイベントである。

山の天気は変わりやすい。つい先程までカラっと晴れていた上空には灰色の雲が広がり、ゴロゴロゴロと、夜更かししながらカラムーチョを食べた翌日の私の腸のような異音を響かせていた。

集落を抜けてしばらく進むと、林をサラサラと流れる透明度の高い川にさしかかった。子らは飛び出ている石の上をポンポンと渡って対岸に移動して行くので、私も軽快に続く。よし、ほいっ、ツルッ！

この後子どもたちは川底に繋がって横たわり、人間橋となって私を渡らせてくれた

ぎょえ〜っ!! **ズボッ!　むひゃ〜〜っ（涙）!!　ボジャン!　ちょわ〜〜〜っ**
（号泣）!!

私は実に軽快に石を踏み外し、**子どもたち（小学生）に四方八方から体を支えられて**対岸へ渡った。……ふっふっふ。俺はキミたちのガイドとしての本気を試してみただけさ。
どうやらみんな合格のようだな。

そのまま上流に10分ほど進むと、滝が現れた。あまり大きくはないが、標高5895mのキリマンジャロからの雪解け水を運ぶ、小さな観光スポット・ムバへ滝だ。

「着いたよ!　ほら、ここがムバへ滝さ!」

お子様たちは滝を前にはしゃぎ、最初に私を案内してくれた少年が音頭を取って全員で歌を歌ってくれた。

キリマンジャロ〜〜♪　なんたら〜かんたら〜〜♪

幼い歌声が林にこだまする。現地の言葉のようだが、何度も出て来る「キリマンジャロ」というフレーズはしっかり聞き取れる。

無邪気に歌う彼らを見ながら、私は感動していた。そしてバラエティ番組でゲストの歌を聴く女性アナウンサーのように、微笑みながら首を左右に傾けリズムを取っていた。そして、もう1回人を信じてみようという気持ちを私は、25年ぶりに取り戻したのだった……（この時26歳）。

滝からの帰り道、再び集落を抜けて登山口まであと少しというところで、大粒の雨が落ちて来た。私たちは側にあった納屋のひさしの下に緊急避難する。

実のところ私はリュックの中に折りたたみ傘を携帯していたのだが、まさか子どもたちを濡らして自分だけ傘をさすわけにはいかない。かわいいおまえたちを置いて、俺だけが助かろうなんてそんな薄情なこと、**出来るわけがないぜ**。

「キミたち、今日はありがとうね。俺一人じゃきっと滝に辿り着けなかったよ」

「うん。もうちょっとでサファリツアーも終わりだね」

「そうだね。見事なガイドぶりだったよ。本物の方のサファリツアーにも行った俺が保証するぜ！」

「ありがと〜！　あ、そうそう、ツアーが終わったら、僕たち5人いるから、**合計で**

「**10000シリング払ってね！**」

「…………。えっ？」

「一人につき2000シリングずつね。ちゃんと村で決まってる料金だからね」

「**いやいやいや。おかしいでしょ。**最初に聞いたよね？　後でお金請求したりしないよねって。そしたらそんなことしないよノープロブレムって、言ったよねキミ？」

「そんなの知らない！　とにかくガイド料は必ずもらうことになってるから。他の旅行者もみんな払ってるんだからね！」

するとほかの子ども等もここぞとばかり一致団結し、畳み掛けるように料金請求を繰り出して来た。

「サファリツアーなんだから、10000シリングは当たり前だよ！」

「誰だってツアーに参加したらお礼をするものなんだよ！　そんなこともわからないの!?」

「僕たちが滝まで連れて行ってあげたんだから、お金を払うのは当然でしょ!!」

「…………。」

こ。

の。

ガキャ〜〜〜〜〜〜〜〜〜〜〜〜〜〜〜〜〜〜〜〜〜〜〜〜ッ

「なにをキエエーッ!!!　ガキのくせにぼったくりバーみたいなことしてんじゃねえよこのクソガキ五楽坊がっ!!　最初に言ったことと全然違うじゃないかっ!!!」

「なんだよっ、みんなで時間をかけて案内してやったんだぞ!!　村だっていろいろガイドしたじゃないか!!」

「チキンとグランドマザーくらいしか見てねえわっ!!　いや内容の問題じゃなくて、お金はいらないと最初に約束したんだから約束を守れよ!!!」

「他の人だってみんな払ってるんだ！　あんただけ払わないなんてずるいぞ!!」

「他の旅行者が仮に払っていたとしても、俺からは金を取らないと、約束したよね最初に？　キミは約束を破って人のお金を取るの？　それは泥棒だよね？　キミは泥棒なの？」

「ど、泥棒じゃないよ！　ガイドだよ！」

「ガイドじゃないよ。**泥棒だよ？**　じゃ、俺は行くね。さよなら〜」

私はバサッと**折りたたみ傘を広げ**、クソガキ五楽坊を置いて納屋を立ち去った。やや弱まった雨の中、ほとんど洪水を起こしている丘の斜面を登山口へ向かって登る。

すると……、なにやら背後から、**地獄から轟く死者の呻き**のような不気味な声が私に迫って来る。な、なんだ？

「**マネ〜〜〜（涙）**」

「**マネ〜エ〜〜〜（泣）**」

「**マネェ〜〜〜〜〜〜（号泣）‼**」

あひゃ〜〜〜〜っ‼

振り返ると、5人の子どもたちが列をなして雨の中を「マネ〜〜〜」と**泣きながらついて来る**。うわわわ、どういうこと。泣くほどのことじゃないでしょっ。

「「「「「**マネ〜〜〜〜〜〜ッ（号泣）**」」」」」

ひえ〜〜〜〜〜〜〜っ‼

5人は泣き止むことなく、私の後ろにぴったりついて全員でマネー（号泣）の大合唱である。な、なによ……。そんなにこの子たちお金に困っているの……？　ひょっとして明日食べる物もないの？　でも檻にいろいろ入ってたじゃん。ポークとかグランドマザーとか……キリマンジャロコーヒーも栽培してたし……。

「**マネええ〜〜〜〜〜ん（涙）！**」

おひょ〜〜〜〜〜〜っ!!

ぬう。子どもの涙はなんかズシンと来るな……。本当に困っているんなら、小銭くらいは渡してあげてもいいのかな……どうしようかな……。

私は心の中で定例の葛藤を繰り広げつつ、片手で傘を持ちチラチラと後ろを気にしながら泥まみれの

き、キミたち……泣いてるのか……？

斜面を上っていたら、必然的に子どもたちの目の前で**思いっきり滑ってコケた。**

ズビョッッ!!　うわ痛い泥があああっ!!　いやあもうっ（涙）!!

「ぎゃはははははっ!!!　ぎゃはっ!!」

「……………。こ………の………」

「………はっ!　…………………。マネ〜〜エ〜ン（号泣）……」

やっぱりウソ泣きかよっ!!!

もう頭きた!!　おまえらの心配しなきゃコケずに済んだのにっ!!

もうおまえらなんて知るかこの強欲ガキ軍団がっ!!!

泥水にまみれた私はもう子らのことは構わず早足でゲートに戻り、ちょうど来ていたバスにそのまま飛び乗った。それでもガッキーズは「マネ〜（涙）」と追いすがって来たが、さすがにバスが発車する時に乗務員に叩き出されて行った。まったくなんてやつらだ。きっとこいつら、**あの悪いグランドマザーにとことん仕込まれたんだろうな**……。

モシの町へ戻る頃には、すっかり雨雲は山の向こうへ消えていた。私は、**改めてもう二度と人を信じないことを誓った。**

……………。

以上が、タンザニア、キリマンジャロの麓で出会った少年たちとの**心温まるふれ合いのストーリー**である。

ひとつ言っておくならば、私は貧乏すぎてなにがなんでも金はビタ一文誰にも払いたくない！と頑なになっているわけではない。私も「なにかしてもらったらお礼にお金を払う」そのことには異議はないのだ。そこではなく、**最初に「お金はいらない」と言った約束を平気で破ってくることが許せない**のである。わかるでしょうこの方向性？

これが、旅人の信じる心を破壊する、ガイド系トラブルだ。こうしてただの親切を装ってなんとなく道案内や観光ガイドをして、**終わってからお金を要求してくる**。これは発展途上国を旅すると数限りなく出くわすトラブルで、これを2、3回やられると、旅行者は**話しかけて来る現地人は誰も信じられなくなる**。

「ようフレンド！　どこに行くんだ？　案内してやるよ！」と旅先で声をかけられたら、私は心を閉ざす。しつこく話しかけられても、すごく不機嫌そうに返事をする。「オイオイ元気ないな。どうかしたのか?」と聞かれれば、「別にどうもしてないよ」と答えながら心の中では「**おめえみたいなインチキガイドに付きまとわれたら不機嫌にもなるわっ‼ どうせ金取る気まんまんなんだろわかってんだよこっちは!!!**」と叫ぶ。

そうして警戒して警戒して、最終的にその人が目的地まで案内してくれた後**お金の話など一切せず**「じゃあ良い旅を!」と言って去って行くと、私は「**えっ、ただの親切っっ⁉**」と意表を突かれ、**銀行強盗でもした後のようなものすごい罪悪感に襲われる**。ああ……神様、善良な現地の方を疑った私を激しく罰してください……雷《いかづち》を私の上に……(涙)。

とはいえ人を無条件に信じていたらすぐ全財産奪われて旅が終わるし、信じなかったらそれはそれで罪悪感を背負うことになり……、どうすればいいんだ。

しかし旅の間自分を守るためには、**どちらかというと人を信じない方で行くしかない**と、私は思う。私たちは近所の人を全員泥棒だと思っているわけではないが、中には泥棒がいるかもしれないので、家に鍵をかけるのだ。それならば、本当に相手が信用に足る人物だとわかるまでは、旅人も心の施錠が必要なのである。

ムバヘ滝の前で歌う子ら

8

善のガイド、悪のガイド

〈パキスタン〉

「ガイドをする人は後でお金を要求して来る」これは、個人旅行をするならイロハのイとして知っておかねばならない基本事項だ。

ちなみにイロハのロは「国によって『1階』の定義が違うので時々エレベーターでどのボタンを押せばいいかわけわからない」、イロハのハは「白人旅行者が冬のプールで嬉々として泳いでいるので『ここは温水プールなのかな？』と思って自分も入るとほぼ**氷水で心臓が止まりかける**」というものである。白人さんの寒さへの耐久力は恐ろしく、地球の生物の中でも寒冷地の水中を平気で泳ぎ回れるのはワカサギか白人旅行者さんくらいだと思われる。

話を戻して、イロハのイ、「ガイドをする人は後でお金を要求して来る」。

もちろん日本だってバスガイドさんやツアーの添乗員さんは有料でガイドをしているが、日本では料金設定がオープンになっていて、ちゃんと客側が納得してお金を払う仕組みになっている。時々地方の博物館や観光地に行くとボランティアで説明をしてくれるおじさまやおばさまがいるが、そういう人が後からお金を請求してくることはまずない。たまに「うーん、できれば2時28分のバスに乗りたいんだけどな……、長いなあおじちゃんの説明……。でもこんなノリノリでお話ししてくれてるのに『もうその辺でいいです、時間ないんで』とか、**言い辛い！**　観光客に地元の歴史を解説するのがおじちゃんの楽しみなんだろうから、最後まで聞いてあげるのが礼儀だよな……あでもっ、俺だって次はいつ滋賀に来られるかわからないのに。他の場所も回りたい……。まだだいぶ続きそうだなあこの話……まだお市の方との婚礼の話してるし……浅井家滅亡まであと15分はかかるぞこの調子だと……（涙）」と**国内旅行版の激しい葛藤**に襲われることはあるが、それは置いておいて、少なくとも「ガイドしたから金くれ」と事後請求されることは日本ではないであろう。

でも海外では違う。海外の観光地では多くの場合、現地の人が「おや、キミはジャパニーズ？　アイライクジャパン!!　日本ではなにやってるの？　学生？　ジャッキーチェン？　ふーん、ところでこの霊廟は500年前にムガル帝国の王妃の命令で造られたって知ってる？　王妃は王様とすごく愛し合っていてな。王が死んだ時、王妃は悲しみのあまり3日3晩泣き続け……」と、親しげに話しかけて来たと思ったら世間話から流れるように解説に移行し、しばらく**インチキ童話ふうラブストーリー**を聞かされた後、「……というのがこの霊廟の歴史である。では、**ガイド料は500ルピーだ**」と誰も了解していない人件費（しかも法外）を請求されることになる。結果、「なんで金払わないといけないんだよ!!　あんたが勝手に喋ってただけだろ!!」「なんだとこんなに長い時間説明させておいて!!　これが正規料金なんだよ払えタコ!!」「**だから誰もガイドなんて頼んでねえっつってんだよコラ!!!**」「**なにがコラじゃコラ!!!**」「**なにコラタココラ!!!**」と罵り合いながらお別れすることになる（コラコラ問答）。

最初は純粋に「俺は日本人が大好きなんだ！」と親愛の情で近づいて来たと思ったのに結局は金目当てだったという**プチ後妻業**のような所業を繰り返され、旅人は大きなストレスを抱え人間不信になるのである。

このガイド系トラブルに関しては、ただお金を請求されて腹立つという以外にも、また違う形の葛藤が生まれることもある。その一例をここで紹介してみたい。

現在地はパキスタン北部、タキシラ。

町の名前を知っている人はほぼいないだろうが、タキシラ郊外に散在する**ガンダーラ遺**

跡群、この遺跡名には多くの日本人がおおっと思うのではないだろうか。……そう、あのガンダーラだ。堺正章が孫悟空役で主演していたドラマ『西遊記』の、エンディング曲のタイトルになっているガンダーラ。あるいは、マンガ『魁《さきがけ》!!男塾《おとこじゅく》』の天挑五輪大武會《てんちょうごりんだいぶかい》での強敵「巌娜亜羅十六僧《ガンダーラじゅうろくそう》」の出身地でもあるガンダーラ。……え？　巌娜亜羅十六僧わからない？　ほら、飈眩法師《たいげんほうし》が耽幽香《たんゆうこう》を使った巌娜亜羅秘奥義千燼曚聳峰《ガンダーラひおうぎせんじんもうしょうほう》で愾慄流毒手《きりつりゅうどくしゅ》拳《けん》の影慶《えいけい》を倒す番狂わせを演じたあの巌娜亜羅十六僧だよ。ね、**これだけたくさんフリガナふってあればわかるでしょうさすがに**？

　ともあれ、あの三蔵法師ご一行が目指していたガンダーラは、紀元前500年ごろから1000年以上も続いていた実在の王国だったのだ。タキシラはそのガンダーラ王国の首都であり、仏塔や居住地跡が遺跡として郊外に点在しているのである。

　寒風の吹きすさぶ2月であるが、私はリキシャ（三輪タクシー）を1日チャーターして遺跡を回ることにした。各遺跡はそれぞれエンジンつきのリキシャでないと行けない離れた場所にあり、町のチケット売り場で共通チケットを買っておくと入場できるようになる。

　さて、ひとつ目の遺跡に着いたのだが……、真冬のためか、人っ子一人いない。どうしたんだろう。ガンダーラなんて有名な西遊記の舞台である上に、ゴダイゴの名曲『ガンダーラ』では「そこに行けば、どんな夢も叶うというよ」とまで歌われている地だ。

すごすぎない？　**ここに来さえすればどんな夢も叶うんだよ？**　そんなすごい所なのに人っ子一人来ていないというのはどういうことよ。現代は夢のない若者が増えたということなのだろうか？

「ハロー。ウェルカム、チケットは持っているか？」

おっと。人っ子一人いないと思っていたら、おじさんが来た。人っ大人一人はいたようだ。白いクルタパジャマ（膝くらいまである長い

ひとつ目のガンダーラ遺跡、モーラモラドゥ

丈の上着）を着たヒゲのおじさんは、首から提げている身分証を見せてくれた。遺跡の管理人さんだ。

チケットを確認するとおじさんは、なぜかそのまま私について来て、理想の見学ルートを教えてくれたり、そこら辺に立っている仏像の由来について解説してくれたり、なにかと世話を焼いてくれる。えーっと、親切にしてくれるのはありがたいのですが、お決まりの質問いいですか？

「おじさま、これはあくまで形式的な質問なんですが、後で『解説してやったんだからガイド料払え！』とか言ってお金を請求されるようなことはないですよね？」

「ははは。**ノープロブレム！**　これは私のduty……管理人としての仕事だ。お金なんていらないよ」

「わわっ、そうですよね！　変なこと聞いてすいません！」

よかった。どうやらこのおじさんは、発展途上国の観光地では**50人に1人の確率で登場する良いおじさん**のようだ。では安心して見学させてもらいますね。

遺跡は崩れかけた仏塔がいくつかで、石で出来たドーム状の建物の中、壁にお釈迦様やらなにやらの絵が彫られている。なんというか、まあ、普通ですね……。特に私の感情パラメータに変化はありません。なにしろ旅も長くなって来ると仏教遺跡は何十箇所と、仏像は何百体と見ることになり、そして**仏教遺跡は3箇所目で、仏像は2体目で飽きる**。※あくまで個人の感想です

　これだけ人がいないということは「どんな夢も叶う」というのもウソの可能性が高いし、ここは早く切り上げて次に向かおう。……いやちょっと待った。多分ウソだとは思うけど、**一千万が一本当だった時のために**、一応願掛けはしておこうかな。なにもせず帰国して、後から「ご好評の『ガンダーラ遺跡で夢叶うキャンペーン』、先月で申し込みを締め切りました！」なんて**神様からリリース**があったりしたら、悔やんでも悔やみきれない。本当の可能性が0.0000000000000000000000000000000000000000000000000000001%でもあるならば、祈っておいて損はないでしょう。**どうか本がたくさん売れますように。**○○○○○**の**○○○○**ちゃん**○○○○○○○○○○○○○○**ように（一般発売される出版物では倫理上表記不可）**。**あと、200兆円もらえますように。**

……………。200兆円もらえたら別に本が売れなくてもいいか……。

じゃ、次の遺跡に行こう。

「おじさま、遺跡の解説をしてくださりありがとうございました。じゃあ僕、行きますね」

「OK。では気をつけて旅を続けなさい」

「はい、さようなら！」

……………。少し歩いて振り返ると、おじさんは遺跡の入口で、片手を上げて見送ってくれている。

……**あれっお金の請求は**⁉

いいの？ ガイド料払う払わないで揉めないでいいの？ ……意、意外だ。ノープロブレムと言ってはいたけれど、結局最後には「金よこせコラ！」「なにコラタココラ！」のコラコラ問答になると覚悟していたのに。乱闘に備えて昨日の夜「**なにがガイド料じゃあぁあっ**‼︎ **広島のケンカいうたらよぉ、銭じゃカタつきゃせんのじゃいっ**‼︎」と、『仁義なき戦い 広島死闘篇』の千葉真一のセリフを長ドス振り回しながら練習しておいたのに。なんだよ練習の成果を披露できないのかよっ‼ **ハクをつけ**

るために小指まで詰めたのに!!　小指落とし損だっ!!!

ごめんなさい、これは疑った私が悪いですね。やっぱりガンダーラほどの歴史ある仏教遺跡、その管理人さんともなればモラルある人格者なのですね……お見それしました……。

ということでおじさんに礼を述べお別れし、再びリキシャで2つ目の遺跡へ。

数キロ先にあった次の観光スポットは、ガンダーラ時代の住居跡である。とはいえ2000年も前のもの、レンガくらいの大きさの石を積んだ土台だけがわずかに残っ

義務的に訪れる2箇所目の遺跡、ビール・マウンド

ている程度で、この一流ドスケベ8流作家の偉大な妄想力を持ってしても（作家としては8流でもドスケベ8流作家としては一流という意味）、その遺構から当時の生活の様子を思い浮かべるのは無理があった。

さっきの遺跡はまだ中に入れる建物が残っていたが、こちらは見事に石の塊だけだ。ガンダーラの居住地がこんなに崩れているのなら、やはり「ここに来ればどんな夢も叶う」というのはフェイクニュースに思えてくる。だって、ここに住んでいた人のうち誰か一人くらいは「**この村でずっと幸せに暮らせますように**」と願をかけていそうじゃないか。それなのに村はほぼ跡形もなくなっているのだから、夢は叶っていないということになる。

だいいち、ある地域の人たちの夢が本当に全部叶うなんてことがあるとしたら、**その村の住人はほとんどサッカー選手か野球選手かアイドル歌手か看護師さん**になってしまって、地域がコミュニティとして機能しなくなるではないか。社会生活を成り立たせるためには、第一次産業と第二次産業に従事する人材がバランス良く確保されていることが…………、

ん？　誰か来たよ？

「ハロー。ウェルカム、チケットは持っているか？」

ひとつ目の遺跡と同じような年格好の、遺跡の管理人さんだ。

「どうもこんにちは。私はチケットを持っています。ご覧あれ」

「ふむふむ。ちゃんとタキシラのチケット売り場で買った物だな？　ニセモノじゃないだろうな？」

「なわけあるかっ‼　偽造する費用より本物を買った方が安いわっ‼」

「ＯＫ。よかろう、では自由に見学しなさい」

「そうさせていただきます」

見学といっても、一面ただの石の残骸、ざっと見れば２分で見学が終わりそうだ（自分の歴史の知識が貧困なせいだが）。石組みの土台の間をぶらぶら歩いてみるが、感想としては、**ただただ寒い**。もしも私の願いが叶うなら、こんな滅んだ住居ではなく**セントラルヒーティングの導入された近代的な家屋に一刻も早く入りたい**。なんなら**日本に帰りたい**。

あと２００兆円欲しい。

「どうだ？　なかなか興味深いだろう？」

「あっ管理人さん。ほんと……なんて素敵な遺跡なんでしょう！　ワンダホー！　ビューティホー‼　お世辞ながらも非常に興味深い石っころですわ！」

　暇なのかなんなのか、管理人のおじさんが、唯一の入場客である私にぴったりとくっついて来る。

「そうだろうそうだろう。では、もっと遺跡を深く知るために、私が解説をしてあげようじゃないか」

「えっ、解説ですか……？　この石っころの？　えーと、すいませんあくまで形式的な質問なんですが、後で『解説してやったんだからガイド料払え！』とか言ってお金を請求されるようなことはないですよね？」

「**ノープロブレム**！　ガイド料なんて必要ない」

「わっ、すいません！　ごめんなさいね、変なこと聞いて」

「私はガバメントに雇われている管理人だぞ。旅行者から金を取るようなことはしない」

「お見それしました。どうか汚《け》れ《が》た私をお許しください」

「うむ。…………その代わり、ガイド料とは**また別で**、キミの気持ちでいいから、**いくらかドネーション（寄付）を置いて行きなさい**」

「は〜い。わかりました寄付ですね♪　いくらがいいかなあ、10ルピーかなあそれとも20ルピーかなあって**金取る気まんまんやないかっ!!!　めちゃめちゃ旅行者から金取ろうとしとるやないかっ!!!**」

「だから、これはガイド料じゃなくて、あくまで寄付だから。ほら、なんだ、えーと……、遺跡の保存とか！　そういうのにお金が必要なんだよ」

「遺跡の維持費は入場料に含まれてるはずです!!　それなりに高いチケット買ってるんだから！　寄付って言って、お金払ったらどうせあなた懐に入れるんでしょ！　わかってるんだから!!」

「私のサラリーは低いのだ。私がたくさんのお金をもらえば、もっと頑張って遺跡を管理するようになる。だから私がお金を得ることと遺跡が丁重に管理されることは繫がっているのである」

「そんな詭弁を弄してもダメ」

「……よーしわかった。では、こうしよう」

「やだ」

「**話を聞けっ!!!** 今から私がたくさん遺跡について解説をしてあげるから、その解説がグッドだと思ったらドネーションを払いなさい。あくまでもグッドと思ったらでいい。気に入らなければ一切払う必要はない。払うか払わないか、すべておまえ次第だ。それでいいな？」

「いやです」

「**グッドと思ったらでいいと言うのに!!! 良くなかったら払わなくていいと言ってるんだから、そのくらい了解しないか!!!**」

「わかりましたよっ。でもその言葉に責任持ってよね‼ 良いと思わなかったら絶対払わないからね！」

ほぼ無理矢理約束を取りつけると、早速おじさんは私を連れて遺跡を周り始めた。

ところが、とにかくこの管理人さんは**銭ゲバ丸出し**なのだ。「この大きな区画はお寺の跡だろうといわれているのだ。では、ドネーションを……」「この小さな区画はトイレだろうといわれているのだ。では、ドネーションを……」と、ひと喋り終える毎に支払いを請求してくる残念さ。私は早々にうんざりしたので、解説をお断りすることにした。

「もう結構です！　そんな、話を聞く度にお金お金言われて、気分悪いです。ドネーションはしません。もう解説も、いりません！」

「ウェイト！　待て、まだ途中じゃないか！　説明がないと観光の面白みも半減だぞ！」

「へっ！　どうせただ石が並んでるだけだし！　なんだよこんなつまらない遺跡！　もう寒いからさっさと終わりにするもんね！　写真だけひと通り撮って帰ろーっと」

「待てってて！　もうちょっと話を聞いてて っ！」

「やだよーん！　解説が良くなかったら金はいらないって、あなたが言ったんだからね！　はい自業自得～！　良くなかったのでお金は払いませーん！　あははは っ（笑）！　バイバーイ！　イエーイ！　あはっ！　あは……あっ……あおっ……**おおあああっ（涙）!!**」

ズサササーーッ!!

…………。

おじさんをからかいながら、デジカメを片手に岩場を走り出した私。そんな調子に乗った私は遺跡の凸凹に足を取られてガクンとバランスを崩し、必死で体勢を立て直そうとしたが最終的に重力と慣性の法則に負け、私は**ヘッドスライディングの姿勢でガンダーラ遺**

跡にズサササと倒れ込んだ（**週に1回はコケる私**）。

「ううう っ……」

「**オオオオオオッ!! 大丈夫!? ああ、なんてかわいそうな旅人! こんなところで転ぶなんて、哀れな少年!!**」

「………寒い（泣）」

「さあ、私の手につかまって! 起きれるか? 痛くないか?」

「ううう……」

　管理人に助け起こされると、哀れな少年こと私の手の平は擦りむけ、シャツもズボンも泥にまみれていた。……悲しい。僕、とっても悲しい（号泣）。

「**オーマイゴッド! こんなに泥がついて! 今拭いてあげるからね!**」

　いきなり所作が大げさになったおじさんは、首にかけていたみすぼらしい、黒ずんだ手ぬぐいを手に取ると、そこに**ペッペッと唾をかけてウェットにしてから、私の服を拭いてくれた**。

　やめてえええっ!!! 汚いっ（**涙**）**!!! 泥を拭くのに泥よりも汚いもの**

を利用しないでっっ（泣）!!!　毒をもって毒を制さないでっっ!!!　どうか僕の服の上ではやめてください毒をもって毒を制すのは!!!　毒と毒との攻防を僕が全部受け止めることになるから!!!　僕と関係のない遠いリングでやってください毒対毒の戦いはっっ（涙）!!!

………。

だからって、**振り払うわけにもいきませんよね。これは人の好意なんですから（涙）**。

ゴシュゴシュ。ゴシュゴシュ（一生懸命泥を拭ってくれる音）。ネチョーーン

「よーしこれくらいでいいだろう。だいぶ泥が落ちたぞ」

「やだ～～（涙）」

「では、約束どおりドネーションをもらおうか」

「はいあげます、10ルピー。これでいいでしょっ、**もうほっといて!!　私のことはほっといてよっ（涙）!!!**」

「もちろん、金さえもらえばもう用はないから。俺は小屋に戻って暖を取るから後はご自由にどうぞ」

「**鬼っ!!　あなたは鬼よっ!!!**」

…………………。

こうして、私は10ルピーを強奪された。まあ……、先方もこの寒い中わざわざ出て来て説明してくれたのだから、10ルピーくらいいいよね……日本円にすれば何十円だし……（敗北）。

さて、その後3番目の遺跡、4番目の遺跡5番目の遺跡。私は、**すべての遺跡で管理人さんにガイド料（あるいは寄付）を請求され、そして支払った**。人間一度負けると、負け癖がつくものである。「さっきの人に払ってこの人に払わないのも変だな」ということで、私は5番目の管理人さんまで、各10ルピーずつお支払いをした。そして、この日の観光は終了したのである。

さて。

その夜。暖房のないボロ宿、私はベッドの上で寝袋にくるまって一人凍えていた。明日はタキシラを出て、ペシャワールというアフガニスタン国境に近い町へ移動する予定だ。

しかし、ブルブル震えながら、私はあることをずっと考えていた。

今日の遺跡観光で、私は、**最初の遺跡の管理人さんにだけ、ガイド料を払っていない。**2番目から5番目、4つの遺跡ではそれぞれ「解説してやったんだから金をくれ」と言われ、管理人に10ルピーずつ渡した。もちろん最初の人は自分で「お金なんていらない」と言っていたのだから、払う義務はない。いらないと言われて払わないのは普通のことである。

でも……。どうだろう。1箇所目の人と、2箇所目以降の人。**見返りを受ける資格が最もあるのは、誰であろうか。**

現状では、頼んでもいないのに勝手にガイドを始め、姑息に料金を請求して来た後半の4人が10ルピーずつ儲けている。そして、本当にただ親切で解説をしてくれた最初のおじさんは、なにも得ていない。これは、**正直者がバカを見る結果**になっているのではないか。これでいいのだろうか？　欲の皮の張った4人の方が得をしているということは、**じゃあやっぱり旅行者には金をせびったもの勝ちだよね**と、そういう結論になってしまうではないか。そんな結論を残してタキシラを去ってしまって、いいのだろうか？

…………。

翌朝。私は次の町へは1本遅いバスに乗ることにし、宿の付近でリキシャと交渉すると、もう一度ガンダーラ遺跡へ向かった。

悪路をガタガタと走って着いたのは、昨日の1番目の遺跡だ。麓でリキシャを降り少し山道を登ると、遺跡のゲートがある。

今日はチケットを持っていないのでゲート前でウロウロしていると、不審人物の気配を察し、管理人のおじさんがやって来た。

「ハロー。ウェルカム、チケットは……、あれ？」

こちらもハローと挨拶を返すが、おじさんは「こいつ昨日来たよな？　なんでまたいるんだ？　しかも門の前でフラフラして……。もしかして、**ストーカー？**」と警戒モードになっている。

私はやや焦りながら20ルピー紙幣を取り出すと、おじさんに訴えた。

「怪しい者ではありません！　ちょっと聞いてください。あの、実はですね。昨日ここを見学した後に、あの遺跡とかあの遺跡とか、ひと通り回ったんですよ。そしたら、どこの管理人さんもみんな『説明してやったんだから金よこせ！』って、10ルピーずつ僕から取るんですよ」

顔にハテナマークが浮かんでいるおじさんであるが、私の多少は成長したカタコト英語をしっかり聞いてくれているようだったので、私は続けた。

「でもおじさん、あなただけ、同じように説明をしてくれたのに、お金を要求して来ませんでした。だから、おじさんにだけ僕はお金を渡していないんです。それは絶対フェアじゃない‼と思って。僕は、『お金はいらないよ』って言ってくれたおじさんこそ、他の人の倍のお金を受け取る権利があると思うんです！　だから、この20ルピーを、受け取ってもらえませんか？」

……どうやら伝えたいことは酌み取ってもらえたらしく、私の話半ばでおじさんは表情を緩めると、「おいおい、そんなのわざわざいいのに！」と言葉をかけてくれた。まあいいじゃないですか、せっかく来たんだし、このお金はあなたのものになるべきなんです（偉そう）！と、20ルピーを差し出すとおじさんは喜んで受け取ってくれた。

「えーと……、では、帰ります！」

下まで送ると言ってくれたので、一緒に山道を下る。麓でリキシャに乗り込んで別れを告げると、おじさんは胸に手をあててイスラム教の感謝のポーズでお礼を言ってくれた。こちらこそ、50円程度のことで、良いことをした気分にさせてもらってありがとうございます……。

そして私は、タキシラを後にした。200兆円が手に入る気配はまだない。

……………。

以上、私のパキスタン、ガンダーラ遺跡での2日である。

現在、海外の観光の世界は、**金を取ろうとしたもの勝ち**の状態になっているように感じる。いや、観光の世界に限った話でも、外国に限った話でもないかもしれない。クレーマーが得をする社会に、日本も既になってしまっているのではないだろうか？

しかし、このままではやがて世の中は金を取ろうとする者ばかり、クレーマーばかりになってしまうだろう。なにせ誰だってお金が欲しいし、得をしたいのだから。……だからこそ、反対にこの世界は誠実な人間こそがお金を得られ、得をする社会でなければならないと私は思うのだ。そういう社会でこそ、人はみな誠実になろうとするだろうから。

旅人が安易にぼったくられ、「ぼったくりは楽に稼げる」と思われてしまったら、ぼったくりはますます増える。その負の連鎖を止めるためにも……、いや、**もはや負の連鎖は決して止まらないが**、それでも連鎖からはみ出ることのできる常識人を1人でも増やすために、我々は悪人ではなく善人を利するフェアな行動を心がけねばならないと、私は思うのであった。

私が旅先で出会った「善のおじさん四天王」の1人、モーラモラドゥおじさん

9

ビザと国境越え

〈イラン〉

私は今、イランにいる。

正確にいえば、約2週間の駆け足気味の旅を終え、本日これからイランを出国するところである。現在午後3時前。ザーヘダーンという小さな町で、国境へ向かう乗り合いバスに乗車し出発を待っている。

ワゴン車を流用したミニバスは満員になると発車するシステムで、あと1人か2人の客待ちだ。1人浮いている外国人の私は周りのおじさまたちから興味津々、「なに人だ？」「何歳だ？」「名前は？」「仕事は？」「旅程は？」「家族は？」「宗教は？」とひと通りの尋問に晒されている。

砂漠地帯で目が乾燥するため目薬を注すと、1人のおじさんが**「なんだそれはっ!?　俺にもやら**

辺境のバスはだいたい満員にならないと発車しないので、乗車して2時間経つのに1ミリも移動していないということもよくある

せろ‼」と目薬をかっぱらって行った。おやめなさい人のものを勝手に取るのは……。

「あのー、おじさん目薬の注し方わかるんですか？『なんだそれは』とか言ってるレベルなのに」

「なにをっ、俺だってそれくらい知ってるよ！　バカにすんな！　ほらこれでいいんだろ？　……ズブッ。……ズブズブッ」

「ああそうですすそんな感じですねって**刺さってる!!!　容器が眼球にズブズブ刺さってるっ（涙）!!!**」

おじさんは「空中で容器を握って薬液を押し出す」という方式をわかっていなかったらしく、目薬を下に向けて、そのまま自分の目に先端をグリグリと押しつけている。

「**できてないっ‼　やり方を間違えていますすおじさん‼**」

「えっそうなの？」

「あのですね、容器を目に刺すんじゃなくて、空中に浮かせたまま指で押して、中の液体だけを落とすんですよ目薬ってのは（涙）」

「そうか。ちょっと間違えた」

「むしろ眼球にそんな豪快に突起物を押し当てられるその度胸がすごいわっ。ていうか、もう僕それ使うのやだな……。目薬ってちゃんと使うとしても貸し借りは病気がうつるからやめた方がいいっていわれてるのに……。まして見知らぬおじさんの眼球に刺さったやつなんて……」

「大丈夫。ノープロブレムだ！」

「なんでもノープロブレムで片付けようとするなっ!!! なにがプロブレムかもわかってないくせに!!!」

「おい、俺にもやらせてくれ！　俺もやってみたい！」

するとまた隣のおじさんが「わしもやる」と目薬を奪って行った。

「あなたもですか……？　慣れないことはしない方が……」

「うん、だからおまえが注してくれ。はい、上向けばいいの？」

「え……」

私に目薬を手渡すと、おじさんは天井に顔を向けて「ハイやってくれ」という構えになった。

断る余地も与えずおじさんは**注され待ち姿勢**になっているので、私は仕方なく、しぶしぶ頭を抑えて目薬を注してあげることに。…………。**俺はあなたのお母さんか**？　そしてあなたは私のかわいい赤ちゃん？　赤ちゃんにしては頭がすごい脂ぎってるし……ヒゲもわっさり生えてる……やだこんな赤ちゃんかわいくない……（泣）。

大人の男同士で目薬の注し合いをするという怪奇な光景が繰り広げられているにも関わらず、新しく乗客が入って来たのでこれで目出度く我々は国境に向けて出発することになった。

さて、今から向かうのはパキスタンとの国境。先ほど初老の運転手さんに聞いたところ、国境までは砂漠を走って30分ほど、運賃は後払いで1人3万リアル（約400円）ということだった。

「ヘイ、ジャパニーズ！」

「はい。なんだいイラニアン？」

走り始めてすぐ、今度は若いイケメンのイラン人乗客——もっとも彼がパキスタン人だったとしても僕にはわかる術もないが——が声をかけて来た。なぜか口元に人差し指を当てている。

「シーッ！　静かに。いいか、ここだけの話だぞ？　さっきドライバーはおまえに3万リアルって言ってたよな。だけどな、本当の運賃は、2万なんだ。俺たちはみんな2万リアルで乗ってるから、おまえも2万だけ払えばそれでいい」

「**本当に⁉**　あっごめん、シーーッ！　くそ〜〜、そうだったのか。危うくぼったくられるとこだった……。なにも知らないいいたいけでかわいくて実直な外国人旅行者から1万も余計に取ろうとするとは……悪徳ドライバーめ……」

これは良いことを教えてもらった。

先進国ではあまりないが、我々旅行者がよく細かい被害に遭うのが「外国人料金」である。旅行者というのはその地域の物価に疎いため——もちろん中にはそうでない旅行者だっているのだろうけど——通常より金額を高く請求されても、それが正しい値段なのかぼったくり料金なのかを知ることが難しい。だから海外の商人たちは「高く言っておいて、**騙せたら儲けもの**」という軽い気持ちで——もちろん重い悪意がある場合だってあるだろうけど——ふっかけてくることが多いのだ。

対策としては、なにかにお金を払う時には、事前に地元の人に金額を聞いておくとよい。そしてその後商人から高い金額を請求されたら「違うでしょ、○○リアルでしょ！　宿の人に聞いたもんね！」と反論し、正規の料金だけを支払うのだ。そうすればぼったくりの損害は最小限に抑えることができる。

「助かりました！　1万リアルもの大きなお金――少なくとも僕にとってはということだけれど――を失わずに済みました。教えてくれてありがとうございます！」

「ユーアーウェルカム！」

私はイケメン青年に丁重にお礼を――じゅうぶんにとはいえないまでも――述べた。初対面の――少なくとも僕の認識ではということだけれど――私にこんなに気を使ってくれるなんて、イランの人は――もちろん彼がパキスタン人である可能性だって大いにあるのだけれど――本当にみんないい人ばかり――もちろん全員がそうであるなんてことはいえないだろうけど**ってなにこのややこしい書き方はっ!!!　いちいち縦線引っ張って言い訳を組み入れるこの方式なにっ!!!　すごく読み辛い!!!**

……はい。ごめんなさい。なんでかわからないけど、急に**村上春樹ふうの文章を書きた**

い発作が出まして。時々来るんですよね発作。文豪の文体を真似して自分も文豪の仲間入りをしたいなあという潜在的な欲求があるんでしょうねきっと。ただ、僕の能力では**使いこなすのは無理でした**（**涙**）。ご迷惑おかけしました。

「パキスタンではどの町に行くんだ？」

また別のおじさんだ。今日は本当に入れ替わり立ち替わりあちこちから話しかけられるなあ。僕の前世が聖徳太子じゃなかったらとても対応できなかったよ。

「えーとまずクエッタに行って、ラホールに行ってそれからラワールピンディとイスラマバードとペシャワールと……、行けたらフンザも」

「そうか。どこもグッドシティだな！」

「はい。バッドシティはどこなんですか……？　あっ、ところで、パキスタンのビザって国境で取れますよね？」

「ん？　どうだっけ。ビザ国境で取れるか、誰か知ってる？　……ああそうだよな。ノープロブレム！　取れるよ」

「ですよね〜。ああよかった。知ってたけど」

おじさんは他の乗客にもビザOKの確認をしてくれた。

ここで少し、ビザの取得手続きについて説明したいと思う。

国によっては、入国時にパスポートの他に入国許可証であるビザが必要となるが、特に長期間国を跨いで旅行をする場合、ビザをいかに効率的に取得するかが鍵になって来る。陸路で移動する場合は大抵次の国のビザを手前の国で取ることになるが、大使館や領事館に普通に申請に行くと、発行まで4、5日平気でかかってしまう。

そこで、旅のエキスパートが活用するのが**アライバルビザ**だ。アライバルビザというのは「その国への到着時に取れるビザ」のことで、空港で発行されるものが多いが、陸路の国境でも取得できることがある。アライバルビザはその場で発行されるので、大使館に申請するのと比べて圧倒的に日程の節約になるのだ。

ただし面倒な点は、アライバルビザは**国によって、入国地点によって、取れるところと取れないところがある**ということだ。特に陸路の国境。例えばAという国に入るのに、B国から入ればアライバルビザが取れるがC国からでは取れない。さらにB国から入る場合でも、X村にある国境では取れるがY村の国境では取れない。……というように、取得できる場所が全然統一されていないのだ。

そこで、情報収集がなにより大事になってくる。探すべきは、「実際に取れた」という**経験に基づく情報**だ。「あそこで取れるらしい」とか「取れると聞いた」ではダメ。「自分が取れました」という一次情報、それがその国境でビザが取れるかどうかの判断基準となるのだ。

そして私はイランの首都テヘランで泊まった宿の情報ノートに、「ザーヘダーンからの国境で、パキスタンビザが取れた」という書き込みを見つけた。これが一次情報だ。情報ノートというのは宿の宿泊者が経験を共有するために書き込む、共用のノートのこと。我々熟練のバックパッカーは、情報ノートに詰め込まれた雑多なデータから、的確に自分の欲しい情報を探し出すことができる。だから我々は旅の日程を最大限効率化することができるのである。アライバルビザを使いこなせないようではまだまだ旅の素人。大使館に申請してだらだら5日も待つとか、旅の時間をなんだと思ってるんだあんた？　**ええっ？**

二度と戻らないこの時をもっと大事にしたらどうなんだっ!!　旅先では1日1日が宝なんだぞ!!　かけがえのない時間をビザ待ちなんかで

無駄にしてんじゃねえよっ!! 大人になれよもっと旅人として!!!

……………ふう。ごめんなさい。みんなに成長して欲しいっていう気持ちが溢れ出て、つい声を荒げてしまいました。びっくりさせてごめんね。でも、みんなのことを思って言っているってことは、わかって欲しいんだ。

「ヘイ、ルック！　そろそろ着くぞ！」

最初に言われたとおり、町を出てほぼ30分。まず国境手前でイラン軍兵士に検問を受けてから、また少し走ってイミグレーション（出入国管理）の建物に到着。

全員で乗り合いバスを降りると、老運転手がまず私以外の乗客から運賃を集め出した。あからさまに私に背を向け、金額がわからないようにしている。悪人めっ。私には心の目があるというのに。無駄無駄無駄ァ

最後に運転手は私に向き直り「3万リアルだ！」と請求して来た。もちろん私が払うのは、イケメン同乗者さんが教えてくれた正規運賃だけだ。

「はい、**2万リアル**。外国人差別はやめましょうねおじさん」

「……………。なんだ？　3万だって言ってるだろうが。あと1万よこせよ」

「よこさないよ。本当の運賃は2万リアルです！　知ってるんだから僕。あなたの悪巧みはすべてお見通しよっ」

「ふざけるなおい！　俺が3万と言ったら3万だ‼　ちゃんと払えよこの野郎‼」

「この野郎とはなんだこの野郎‼　親切な人が正規運賃を教えてくれたんだよ‼　外国人だと思って甘く見るなってーの‼」

「この野郎とはなんだこの野郎とはなんだこの野郎‼　長い距離を乗せて来てやったんだぞ‼　1万くらい大人しく払ったらどうだ‼」

「じゃかましいわっ‼　長い距離乗って来たのはみんな同じだろうが‼　俺だけ割増運賃請求される筋合いはないわっ!!!」

「うるせえ払え!!!」

「うるせえ払わねえ!!!　あんたもイスラム教徒ならもっと真摯に生きたらどうなんだっ‼　ムハンマドが泣いてるぞ‼　この銭ゲバ‼　煽り運賃‼　俺は天使あんたペテン師!!!　じゃあなバイバイ‼　シュバババババッ（犬のように後ろ足で砂をかけて）‼」

「**うわっぷ。待ておーいっ‼　金を払え〜〜っ!!!**」

ふん。ろくでもないジジイめ……。

私は口論を切り上げると、建物に入り出国手続きを済ませた。先に降りた乗客のみなさんもまだ付近にいる。イケメン青年は私と老運転手による「ド〜なる⁉　ド〜する⁉　乗り合い運賃！」の激論を視聴していたようで、私に向かって親指を立て「グッジョブ！」のポーズを送ってくれた。この青年、良いイラン人。さっきの運転手、**悪いイラン人**。

さて、出国に続いては、パキスタンの入国手続きである。イラン側の建物を出て金網のゲートをくぐりしばらく歩くと、砂の上にポツンと長屋風の建物があった。ずんずんと中に入り、入国管理官にパスポートを提出する。

「ハロー。入国お願いします」

「ハロー」

陸路の国境越えは、この入国審査が最大の緊張ポイントだ。

やや愛想のないお役人さんは、私のパスポートのスタンプページをペラペラとめくって言った。

「パキスタンのビザはどこにあるんだ？」

「ビザはここで取ります。おいくらですか？」

「なに？　ここで取るって、ここでビザは取れないぞ」

…………。

えっ？

…………………。

えっ？

「いやいやご冗談を。取れますよ。取れるでしょビザここで!!」

「おまえはなにを言ってるんだ？　ビザは大使館か領事館で取って来るものだ。なかったら入国できないぞ」

「ちょっと!!　だって情報ノートにここで取れたって書いてあったし!!　そ、それにバスの中で地元の人も言ってた!!　国境でビザ取れるって言ってたもん同じバスの人が!!」

「誰が言ってたんだ？」

「えっと、あ、あそこにいる人！　**おーい！　そこのおじさーん！**　おじさん、さっき聞いた時、パキスタンビザは国境で取れるって言ってたよね!?」

「え……。いや、と、取れないよ。ビザは国境じゃあ取れないよ(汗)」

「ひどいっ!! さっきと全然言ってることが違うじゃないか!! 無責任なっ!!!」

おじさんはとぼけ私は怒り役人さんは私を叱った。

「おまえ!! 他人を責めるのはお門違いだろ!! ちゃんと確認して来なかったおまえが悪いんじゃないか!!!」

「ごめんなさい(号泣)。まったく私が悪いですすごめんなさい(号泣)」

「とにかくビザなしでは入国は認めん。不法入国する気か?」

「不法入国する気です。ウソです(涙)。じゃあ僕はどうすればいいですかあああっ!!」

「ザーヘダーンにもパキスタン領事館があるから、そこで取って来い。5日もあれば取れるだろ」

……………。

ああああああああああ。

なんという計画不足。なんという怠慢。

なぜこんな大事なことを私はちゃんと確認してこなかったのだろう。**私は旅の時間をなんだと思ってるんだろう**？　**二度と戻らないかけがえのない1日1日をあっさり5日も無駄にする私はバカだろうか**？　宝ともいえる旅先の時間に対して、なんてもったいないことをしているんだ……。私は恥ずかしい。「もったいない」という日本語を世界に紹介してくれたケニアの活動家ワンガリ・マータイさんに顔向けできないくらい恥ずかしい。**責任を取ります。ぬぬぬぬぬっっ**（**舌を全力で噛む**）

「おい、いつまでもここにいたって仕方ないだろ！　さっさとイランに戻れ！」

「あいとぅいまてぇん。今とぅぐ帰ります（涙）」

また怒られた私は胸前にリュック背中にバックパック手に手提げ袋を抱え（総重量20kg以上）、トボトボとイランのイミグレーションへ戻った。役人さんに事情を説明すると、先ほど押されたイランの出国スタンプにボールペンでグチャグチャグチャッ！と取り消し線が引かれ、10分前の出国は**なかったことになった**。

そして私はイミグレの建物を出て、再びイラン側の国境に舞い戻った。**クソーふざけやがって！　ムキー‼　ナヤアーーーーッ!!!　フサッ**（**イミグレーション前の路上に生えて**

いた草を蹴り上げた音）！

……………。

ていうか、ここからどうやって町まで戻ればいいんだ？

もう夕方だからか、辺りを見回してもタクシーの1台たりとも停まっていない。ザーヘダーンの町まで砂漠を車で突っ走って30分もかかるのだ。こんな重い荷物を抱えて歩けるわけがないし、歩いたとしても途中で干からびるかサソリに食べられるかアリババと四十人の盗賊的なものに襲われるか、ああ、心細さの砂嵐が押し寄せて不安のワンペアがスリーカードそしてフォーカードに……いずれにしても、**もうイヤ**。**本当にイヤ（涙）**。全部夢であって。帰国させて。

……**あっ**!!

ふと見ると、数十メートル先に小さな売店があり、店の前に先ほどの乗り合いバスのワゴン車が放置されている。そして店先では、例の老運転手が店主と談笑しながらチャイを飲んでいる。仕事の後の1杯という感じだ。

……………。これは……。

それしかない。町へ戻るためには、**あの人に泣きつくしかない。**

うぐ……、しかし、私はつい20分前に運転手と大ゲンカをしたばかりなのだ。後ろ足でシュビビビと砂をかけて「**この銭ゲバ!!　ペテン師!!　ぼったくりリンピックゴールドメダリスト!!!**」と捨てゼリフを吐いてバイバイしたのだ。今さら「キュピッ！　さっきはごめんなさぁい♪　仲直りしよーおじさん♡」なんてかわいく迫っても、きっと彼はカップのチャイをわざと地面にこぼし、「**このチャイをカップに戻すことが出来たらさっきのことは忘れてやろう**」と無情に言い放つことだろう。**覆チャイ盆に返らず**の故事である。

なんとかならないだろうか。私はさっきの私ではなく、**パキスタンからやって来た別の日本人旅行者**だという設定になんとかできないだろうか。もしくは「さっきここに俺が来なかったか？　……**バカ野郎そいつがルパンだ!!!**」でなんとか……。ダメだろうな……。

うーむ。頼みづらい(涙)。ていうか、無理。あれだけ激しく悪態をついておいてその舌の根もウェットなうちに猫なで声でお助けを請うなんて。でも、そうしなきゃ砂漠でサソリと砂嵐と40人の盗賊が……あああ〜〜。

……………。

私は、とりあえず**運転手さんにはまったく気付いていないフリをして、**口笛を吹きながらさりげなく売店ににじり寄った。気付いてないよ。僕は運転手さんなんかに気付いていないよ？　**売店に陳列されている荷造り用ロープや、ホメイニ師のブロマイドに興味があるだけだよ？**

ほおお〜〜。これがイラン建国の父ホメイニ師ですか〜。いや〜、なるほどね〜。

「ん？　おまえ、さっきの日本人じゃないか！　なにやってるんだ⁉」

「いや〜やっぱりホメイニ師のヒゲは違うなあ。ハメネイ師も気品があって素敵だけど、やっぱりホメイニ師の力強さが好きだなあ僕は…………**ああっ‼　あなたはっ⁉　まったく気付いていませんでしたが、あなたは先ほどの乗り合いバスの運転手さんじゃないですか‼**」

老運転手はチャイを手に、私へいぶかしげな視線を向けている。そりゃそうだろう。不可解でしょう。なにしろ**いるはずのない人間**がここにいるのだから。これが世界の仰天ミステリーですよ運転手さん……

「おまえ出国したんじゃなかったのか？　なんでこんなところにいるんだ？」

「あれ、**なんでだろう？**　おかしいなあ。でも懐かしいですねえ運転手さん。僕たち一時は、すごくいがみ合って争いましたよね。まるで昨日のことのように思い出すなあ」

「つい今しがただろうがっ」

「でもほら、雨降って地固まるというか。僕は一歩も引かない運転手さんの態度に感銘を受けたのです。人品卑《じんぴんいや》しからぬ方とお噂はかねがね伺っておりましたが……」

「ここでなにをやっているんだと聞いてるんだよ」

「ああははあ～。ちょっとなんていうか、パキスタンに行こうとしたんですけどね、なんか**ビザ的なものが**あったりなかったりで、それで入国できたり出来なかったり、まあそんなこんなでとりあえずザーヘダーンの町まで戻らなきゃいけなくなりまして……」

「…………」

「で困っていたところに、**まさかの頼れる運転手さんに売店で出くわすこの偶然!!　なんという僥倖《ぎょうこう》!!**　じゃあもうこの際、また車に乗せてもらっちゃえ～～☆　とかなんとか言っちゃったりなんかしちゃったりして」

「…………」

「いや〜あはは……。のせ、のせっのせのせ、**乗せてください**……（号泣）」

「…………。3万リアルだぞ」

「**3万リアル**!!　**安いっ**!!!　**ああなんてリーズナブルな料金設定**!!　**乗客ファーストの良心的な極上運賃**!!!　**運転手さんありがとう（涙）**!!」

…………。さっき来たばかりの砂漠を30分逆走し、私はザーヘダーンの町へと戻った。なにもない国境近くの町で、ビザ待ちまる5日。**私は二度と陸路国境でビザを取ろうとしないことを心に誓った。**

…………。

以上が、私のイラン・パキスタン国境越えの……、失敗のお話である（涙）。この私の経験から学べる教訓、それはもう言うまでもないであろう。**ビザはちゃんと大使館（領事館）で取れ**ということだ。

旅をしていると、陸路国境越えを失敗した話というのは割とあちこちで聞く。空路と違い、利用する人の少ない陸路国境では、多少トラブルが起きても大きな問題になることはない。だからビザの運用ルールがころころ変わったりするし、役人さんに嫌われて通れなかったとか逆に気に入られてすんなり通れたとか、あるいは賄賂を要求されたなんていう話も頻繁に耳にする。

そんな流動的な国境に入国の命運を託すのはリスクが高すぎるので、ビザはしっかり大使館で取って行った方がよいのだ。首都ならば5日くらい待たされたって、なにかと見るもの行くところはあるのだから。それを私は**あの時の自分に一番言ってやりたい**。

10

必要なウソとのつき合い方❶

〈北朝鮮〉

物事を円滑に進めるためには、多少の不正直……もっと言うと、ウソは避けられない。

例えば、ミャンマーを旅行していて印象に残った習慣がある。それは、一定水準以上の食堂やレストランでは、必ず食事の最中に店員さんから「お味はいかがですか？」と聞かれるということだ。通りすがりに軽くという感じではなく、わざわざ遠くからテーブルまでやって来て「どうですか？」と尋ねるのだ。一食五百円くらいの食堂でも聞かれる。

私は正直、これは**なくていい習慣**だと思った。

なぜなら、いただいているものに対して提供者から感想を求められても、「**美味しいです**」**以外の回答の選択肢などあるわけない**からだ。

仮に実際は美味しくなかったとしても、そこで正直に「不味いよん」などと答えようものなら場が一気に険悪になり、**そんな険悪な空気の中でごはんを食べたらますます不味くなるに決まっている**。

第一、こちらは外国人なのだから、口に合わなくたってそれは食文化の違いのせいかもしれないのだ。食文化の違いで口に合わないだけなのに「不味いナリ」なんて言ってしまって仮に店側がそれを深刻に受け止め、反省し味の改良に取り組み結果ミャンマーの伝統的な味から逸脱してしまいその店は地元の人に敬遠され、どんどん客が減りやがて赤字が膨らんで倒産、従業員は失業し借金を抱えたオーナーは妻子にも逃げられ精神を患い刃物を振り回して血の惨劇を引き起こし、村ひとつ皆殺しにした後で自身も首をかっ切ってイラワジ川に身を投げる……、**なんていう事態にもしなったらどうやって責任を取ればいいんだ**。なおかつその惨劇の一部始終が「……それは、一人の日本人観光客が放った、心ないひと言がきっかけでした」という重いナレーションとともに日本のニュース番組で特集され、たまたま現地の人がスマホで撮っていた動画に私が写り込んでいて「(字幕)そうそう、この日本人だよ! こいつがオーナーにひどいことを言いやがったんだ!」という証言とともに私が道端で子どもを蹴飛ばしているシーンなどが放映されたら、即座に個人情報が特定されて私は**社会から抹殺**されることとだろう。そんな甚大なリスクを背負ってまで、正直な感想なんて言いたくないっていうの。

……………。

え? それはさすがに考えすぎだって?

なに言ってるんだあんた!! 海外旅行中はどんな小さなリスクだっ

て警戒し過ぎなくらい警戒するもんなんだよっ!! そうしてなんでもやり過ぎぐらいビクビク警戒してやっと事故というのは防げるものなんだよ!! 臆病にならずして、安全な旅なんてできるか!!!

海外旅行……、とりわけ一人旅とはそういうもの。「石橋を叩いて渡る」どころか、**石橋を鹿島建設にコンクリート充塡《じゅうてん》工法《こうほう》と鋼板《こうはん》巻《ま》き立《だ》て工法《こうほう》で補強してもらい、それでもやっぱりびびって渡るのをやめる**くらいの究極の警戒をし続ける、それが達人の旅スタイルというものだ。

まあともかく、長期的にはそんな未曾有の悲劇を生むリスクがある上に、短期的にも食事を提供してくれた店員さんを嫌な気持ちにさせ雰囲気を壊しごはんもますます不味くするという、そんな結果を生む「不味いです」のひと言をわざわざ言う人間が**この世にいようか?** 「ラーメンの鬼」こと支那そばやの佐野実《みのる》さんじゃないんだから、私などは他人の将来を考えて厳しくするよりも、刹那的な平穏を求めて不味くても「グッド!(ニセウインクつき)」と言ってしまうのである。大体は美味しくないのに(涙)。

……とまあ、これは些細な事例であるが、外国に行き外国の人と関わる中では、文化風習価値観思想信条等の違いから、お世辞どころではなく、関係を円滑にするためにウソをついたりまた相手のウソをウソとわかっていながら受け入れたり、お互いウソをつき合わせながらうまく交流していかなければならないこともある。

ということで、また別の国の話、旅をする中で「ウソとのつき合い方」というものをとりわけよく考えさせられた、北朝鮮旅行の経験を、二章に亘ってやや真面目に書いてみたいと思う。

中国から国際列車で北朝鮮へ入り、単身、平壌《ピョンヤン》駅へ降り立ったのは2016年・冬のことであった。列車がホームに入り、未知の国への扉が開いたのは予定より2時間遅れた午後6時。

ここから先は、一人というわけにはいかない。

平壌行きの列車。国境越えの時に行われた軍人による恐怖の検問は忘れられない

北朝鮮旅行は必ず代理店を通じて申し込み、現地の国営会社「朝鮮国際旅行社」のアテンドを受けることになる。丹東《たんとう》という中国の町から一人で9時間ここまでやって来たが、この平壌駅でガイドと合流し、出国まで行動をともにするのだ。……まあこのままこっそり駅から出て**ダッシュで走り去れば**少しの間は自由に行動できるだろうが、じきに軍か警察に拘束されて**世間をお騒がせして国益を損ないネット上でボロカスに叩かれる**ことになるので、ここは優等生として振る舞わねばならない。私は旅先でよく不安のスリーカードやフォーカードといった手札を作っているが、**自分が外交カードになることだけはなんとしても避けたいものである**。

ちなみに電車では多くの中国人、北朝鮮人と乗り合わせたが、北朝鮮の人たちは顔も格好もまとめて日本人に非常に近い雰囲気がある。ぱっと見たところ「少し昔の、素朴さや慎ましさを失っていない頃の日本人」という印象で、外見的にとても親近感を感じる。北朝鮮の人々ならば、**メイクも衣装替えもなしでそのまま映画『ALWAYS 三丁目の夕日』にエキストラ出演できるであろう**。世界観がぴったりだ。

一方で中国人のみなさまは外見も立ち居振る舞いも生命力に溢れすぎていて、

『ＡＬＷＡＹＳ 三丁目の夕日』というよりは「ＡＬＷＡＹＳ 三丁目の**猛暑日の直射日光**」という印象である。その力強さには元気をもらえる気もするが、**頼むからＡＬＷＡＹＳは勘弁してくれ**と言いたくなる暑苦しさだ。ＡＬＷＡＹＳじゃなく1日5分程度の接触が限界である(ごめんなさい)。

ただ、ぱっと見では日本人とそっくりな気配をまとう北朝鮮の人々だが、しかしよく見ると、彼らの外見には一箇所「異様さ」を感じる部分がある。それは、北朝鮮の人々は**上着に金日成《キムイルソン》の顔写真がプリントされたバッジをつけている**という点だ。安全ピンでつける長方形の小さなバッジで、金日成のバッジ、あるいは金日成のバッジと金正日《キムジョンイル》の顔写真のバッジを並べて二個、全員が着けている。金日成は北朝鮮建国時のリーダーで、金正日は二代目。現在のトップは金正日の息子の金正恩《キムジョンウン》だ。

これはまさに異様な光景であると思う。私の経験上、「信奉する人物の顔写真つきのバッジ」などという特殊なアクセサリーを身につけた人、そんな人間がうようよいる空間なんて世界でも**北朝鮮か秋葉原のＡＫＢ48劇場くらい**である。マニアックなＡＫＢファンは推しメンの写真つきバッジを服に着けて熱狂的な応援をするが、同じ熱量だと考えると北朝鮮の人たちも集会などでは「**超絶かわいい～♪　イルソ～～～ン♡♡♡**」と声を合わせて絶叫したりするのだろうか？　将軍様が「私なんてかわいくないから……」と消極的な発言をしたら「**そんなことないよ～‼**」と励ましたり、ペンライトが当たった当たらないで隣のヲタと殴り合いのケンカになったりするのだろうか……？　まあ、僕は硬派なんでアイドルとかそういうのはよくわからないんですけどね……。

「さくらさんですか⁉」

「**はあいっ‼　ごめんなさいはあいっ‼　アニョハセヨッ！**　あ、あなたはどなた？　強盗？　**いやあっ‼**」

「私は朝鮮国際旅行社の、カンといいます。さくら剛さんですね？」

「おお、ガイドさんでしたか！　そうです、僕です！　今日も元気に～～、**さくらんらん**（AKB48チームA所属鈴木くるみちゃんの『いつも元気な～くるるんるん♪』のイントネーションで）♪　静岡県出身17歳、さーちゃんことさくら剛です☆」

「カンです。今日から5日間、どうぞよろしくお願いします」

ガイドのカンさん。年の頃おそらく40歳以上50歳未満。ノーネクタイだがスーツを着てやや恰幅の良い、日本語ペラペラのおじさんだ。もちろん襟には光る金日成バッジ。硬派な男同士、挨拶と握手を交わす。

「どうぞよろしくお願いしますカンさん」

「はい。では車を待たせてありますので、行きましょう」

「そうしましょう〜ジュセヨ〜」

ホームから徒歩たった20秒で外に出ると、駅のすぐ前にトヨタの4WD車が停まっていた。これが今日から5日間の足とのことである。

後部座席に乗り込むと、車の中にはカンさんの他にさらに2人の方がいた。1人はやはりスーツ姿のユンさんという方で、細身で小柄だがカンさんより少し年上、日本語バッチリのガイドさん。そしてもう1人は運転手さんだ。北朝鮮を旅行する際は、1グループにつき必ず運転手+ガイド2人、計3人のお供がつく決まりになっているそうだ。10人以上の団体でも一人旅でも同様に適用されるため、ここでは私一人に対して北朝鮮側のスタッフが3人という、とても威圧感のある陣容となっている。

「さくらさんは、どうして朝鮮に来ようと思ったんですか？　日本の報道では、我が国は非常に危険な国であるとされていると思いますが」

夕食に向かう道すがら、カンさんから日本語で早速の探りが入った。まだ対面したばかりで、カンさんとユンさんと私、3人が三者三様の緊張感をほとばしらせ、車内はピリピリしている。我々の国の関係が関係だけに、ピリピリ感はかつて経験したことのない水準だ。このピリピリを電気エネルギーに変換したらガソリンなしで車が走るのではないかと思われるほど、車内の二国間の緊張は高まっている。

私は答えた。

「えーと、その……、たしかに、ニュースだとそうですね！　金正恩も……あふっ！　金正恩**さんも**、先代の金正日**さんも**、日本では悪い人みたいに言われていますし……。でも、報じられることがすべて真実なわけないですから！　僕は、北朝鮮は決して報道でいわれているような悪い国なんかじゃないと思っています！　だから実際の北朝鮮を、自分の目で見たいと思ってやって来たんです！」

…………………。

ピーーーーーーーーーーーーーーーーーーーーーーーーーーー（心のウソ発見器の音）!!

すいません。私は彼らに、**いきなりウソをつきました。**

正直言いますと、私は北朝鮮は報道でいわれているような悪い国だと、**めちゃめちゃ思っています。むしろ報道の十五割増しくらいで悪い国だと思っています。**

できれば最初の会話からウソの答えなんて言いたくなかったですよ僕だって。ウソは良くないです。人と人が絆を深めるためには、胸の内を正直に、包み隠さず打ち明けることが大事です。

でも……、いやね、実は僕、去年世界の政治経済を解説する入門書を出版したんですけど(これは本当)、その準備で北朝鮮のこともだいぶ勉強しましてね。それでこの国のあまりの無法ぶりに衝撃を受けたんですよ。人権も命も虫けら同然に扱う国、邪魔者は自国民であろうと他国民であろうと暗殺して爆破して粛清。これは報道だけじゃなく、脱北者や帰国者のみなさんも同じ証言をしてるので間違いないはずです。そもそも毎年千人単位で脱北者が出るってどういう国よ？　国民が命がけで国境を越えて逃げ出さなきゃいけない国って、どんな地獄？　……………まあでも、逆にそういう人知を越えた無茶苦茶な国だからこそ、なんかちょっと**見てみたくなるじゃん？**　「貞子怖い貞子怖い」って言いながらホラー映画レンタルしちゃうようなものよ。だから僕もこの非民主的で乱暴で非道な独裁国家を野次馬根性で覗いて、後々話のネタにでもしてやろうと思って来たんだよね。なんか茶化し甲斐があるじゃんこういうアホな国って（笑）！　ね、あんたもそう思うでしょカンちゃん？　だよね、アホだよねっ**ぎゃはははははっ（爆）!!!**

……**なんて言えると思います？**

まあ本音を明かせば今のが答えですよ。包み隠さず言えば。でも、あなた言えますか？　いくらウソは良くないからって、**北朝鮮に入国して、国営の旅行会社から派遣された男性スタッフ３人に囲まれながら言えますかそんな攻撃的な本音を？　言えるわけないでしょっ!!　そんなこと言ったら先軍の革命闘士により無慈悲で容赦のない雷《いかづち》の鉄槌が下されるよマジでっ（よく意味はわからないが物々しさは感じられる表現）!!!**

なにしろ私は石橋を鹿島建設が補強しても渡らないような臆病な人間である。我が身の外交カード化を避け安全に、そして円満に旅を進めるためには、都合良くウソを使いこなすことが肝要なのである。…………えっ？　石橋を補強しても渡らないような人間がそもそも一人で北朝鮮なんかに行くのがおかしいって？　おまえは発言と行動が矛盾している、いい加減な人間だって？　…………………。**うるせえガブッッ（嚙みつき攻撃）‼**

「そうですか。それは良い心がけですね。ぜひさくらさんご自身の目で、我が国の姿を確かめて行ってください」

「はーい」

……あーよかった、うまいこと切り抜けられた。ウソも方便ですなあ。四角い便ですなあウソも。

「ただ、さくらさん」

「ぎょっ‼　は、はいっ。なんですか……ウソだってバレましたか？　いや本当ですよ僕が言ったことは‼　ピーーーーーーー（心の嘘発見器）**いやピーじゃない本当っ‼**」

「さくらさん、今、『金正恩さん』と仰いましたね？」

「い、言いましたよ。さんつけましたよ、敬意を込めて。なにか問題ありますかっ！」

「ありますね」

「いやーん」

そこで受けた指導はこうだ。なんでもこの国では、推しメン……いや将軍様の呼び方に、厳格なルールがあるらしい。この国ではというか、この国で日本語を使う場合。

まず、金ファミリーの初代・金日成の呼称は「金日成**主席**」。そして次の金正日は「金正日**総書記**」。現役の金正恩は「金正恩**元帥様**」あるいは「金正恩**最高司令官**」。これらの肩書きを些細な会話の中でも使い分け、それぞれ適切な尊称でうやうやしく呼ばなければいけないという。いや〜〜、はっはっは。**クソややこしい**。もう、なんだよそれ……そんな仰々しく呼び分けなくても、みんなまとめて「悪の枢《すう》じくん」でいいじゃんかよ。スージくんで。

まあしかし「推しメンの呼び方ややこしい問題」については私も一定の理解はある方だ。我がAKBグループにしても佐藤美波の「さとみな」に対して加藤美南は「かとみな」、黒須遥香が「はーちゃん」で齋藤陽菜は「はーたん」、浅井七海と佐藤七海と高橋七実に至っては「なーみん」「ななみん」「ななみぃ」と呼び分けなければならず、呼称の難易度ではAKBは**北朝鮮越え**を果たしているように思う。はーちゃんとはーたんなんてアイドル修業中やパジャドラ公演で同じステージに立ってるし、じゃんけんでも同じチームだったし大混乱だったってーの。それを考えれば金たん×3の呼び分けくらいなんのそのだってーの。…………………。まあ、僕は硬派なんでアイドルとかそういうのは全然わからないんですけどね……。

「はい、わかりました。失礼のないように気をつけまーす」

「よろしくお願いします。……それからさくらさん。今、我が国のことを『北朝鮮』と呼びましたね？」

「は、はいっ。呼びました。それがなにかっ‼　だって北朝鮮じゃん‼」

そこで受けた指導はこうだ。なんとここでは、**「北朝鮮」という呼び方もダメ**らしい。

というのは、朝鮮半島にある国のうち、彼らの言い分では**北朝鮮こそが「本当の朝鮮」**だというのだ。この国は「北朝鮮」ではなく、**元祖「朝鮮」**である。だから「北」をつけてはいけない。北朝鮮は「朝鮮」で、**韓国こそを「南朝鮮」と呼ばなければならない**そうだ。

「韓国」という呼称はダメだし、なおかつ**「ハングル」もダメ**。ハングルは「韓国の文字」という意味なので、ハングルと決して言ってはならず、**朝鮮語**と呼ばなければならないということ。もう面倒くさいなっ‼　そんな細かいことといちいち気にしてられるかよ‼　こっちは客なんだからそのくらい好きに喋らせろよっ!!!　……ああでもなぁ、指示通りにしないときっと**無慈悲で容赦のない鉄槌が**……**妥協を知らぬ革命武力の電撃作戦により想像を絶する火の洗礼がっっ（意味不明）!!**

「はい、メモしましたっ！　失礼のないように気をつけます！」

「よろしくお願いします」

「諸々ご指導ありがとうございますカンさん。カンさんハムニダ。…………それにしても、平壌の街って新しくて綺麗ですねえ。意外というか、やっぱり報道と違うというか……。北朝鮮のイメージってもっとなんていうかこう……」

キラーーーン！　カンさんの眼光が鋭さを帯びた。

「さくらさん、今、なんと言いましたか？」

「え？　だから、北朝鮮のイメージってもっと…………**はっ！**　あの、いやあの…………、**来た!!　朝鮮!!**　って言ったんです（汗）。**来た!!　朝鮮に!!　見た!!　平壌を!!　私は車で走る、この素敵な街並みを!!　嬉しいです!!　僕はみなさんにお会いできて!!!**」

「…………」

「あっすいません、僕、**興奮すると倒置法で喋ってしまう癖がありまして**……。ごめんなさい、ややこしいですよね。初めての朝鮮で高まってしまってつい」

「そうですか。私もさくらさんにお会いできて嬉しいです。5日間楽しんでいただけるように、しっかりご案内しますね」

「あはあ～良かったです。頼みます、ご案内を！　……それにしても、カンさん日本語ペラペラですごいですね。僕なんて去年韓……いや南朝鮮にっ。南朝鮮に行きましたけど、言葉がわからなくててんてこ舞いでしたよ。電車の駅名のハングルすら全然読めなかったし……」

キラーーーン!!　カンさんの眼光が殺意を帯びた。

「さくらさん、今、なんと言いましたか？」

「え？　今？　だから駅名のハングルも全然読めなくて…………**はっ！**　あの、いやあの……、ハングル、ハングル…………ハングルグルグルグルグルグルグル**グルグルグルグルグ**

ルグルグルグルグルだっよ～～～～～ん♪」

「…………」

「あっ、すいません！　僕、**興奮するとモダンチョキチョキズの『ジャングル日和』を歌ってしまう癖がありまして**……。しばらく発作出てなかったのにな……悔しいな、こんな時に。ごめんなさい驚かせてしまって」

「そうですか。私もカラオケでは日本の歌をよく歌いますよ」

「へー、日本の歌あるんですね！　意外だなあ‼」

…………。

というやり取りは『三国志演義』と同じ**史実七割創作三割**であるが、私の台詞に多少の誇張はあれど、各禁止事項についてはすべて実際に注意を受けたことだ。

たまたま私はこの1年前に韓国にも行っており、…………**はっ！**　南朝鮮に行っており、いや、**面倒くさいので地の文では「韓国」で**。私はカンさんとユンさんにその話を、「去年韓国に行って、板門店ツアーで北朝鮮との国境も見て来ましたよ」という内容を伝えたかったのだがやはり頭の切り替えが難しく、どうしても「韓国」「北朝鮮」「ハングル」とポロッと言ってしまう。すぐに「あっ、じゃなくて南朝鮮！　朝鮮語！」と言い直すのだが、カンさんとユンさんの表情はその度に「ピキーーン！」と固まり、おおおお怖い……禁制語を発した私にはきっと際限のない無慈悲な懲罰が……**千万軍民の物理的報復により壊滅的《かいめつてき》で殲滅的《せんめつてき》な火力攻撃の惨禍がっ（涙）!!!　いやあ許してえぇっ（号泣）!!!**　と私は怯えまくっていた。

まあ1度や2度のミスで無慈悲な懲罰が下されることはなかろうが、おそらく「国名間違いは1点　将軍様の呼称間違いは7点」というようにミスの度に運転免許証的に持ち点が減点され、やがて0点になってしまった暁には私は革命軍の大砲に弾丸代わりに詰め込まれてドカンと発射、**飛翔体となって日本本土を目がけて滑空することだろう（上空で爆発飛散するためJアラートは鳴らず**）。

なお、車窓から見る平壌の街は、少なくとも私が見せつけられる範囲においては、本当に予想に反して近代的で驚いた。高い建物こそあまりないが、なにしろ街が新しい。緑やピンクのコンクリートの団地が並ぶ風景は、中国北部やロシアの街の佇まいに近い気がするが、ただしそれが、新しい。

だからといって、この国から先進国に迫るような経済力を感じるかというと、それはまったく感じない。どうも平壌からは「作り物の街」という印象を受けるのである。具体的にいうと、街をあまり人が歩いていない。車が走っていない。なにより、**街が暗い**。建物がほとんど光を発していないのだ。

比較して、この後まだ平壌の記憶が生々しい時期に私が帰国して夜の新宿を散歩した時には、「おお、**なんて中身のある街なんだ！**」と心が躍った。高層ビルの窓ひとつひとつに明かりが点き、仕事中の人たちの姿が見える。通りは賑やかで常に多くの人や車両がどこかを目指して動いている。……その生身の人の活

望まずに住んでいる人たちがこの景色の中にもいるのだろうなと思うと、いたたまれない気持ちになる

動の気配が、平壌（の表通り）では非常に薄く感じられたのだ。いってみれば平壌は食品サンプル的、あるいは**トゥーンタウン的**といえるかもしれない。ミッキーの家があるディズニーランドのトゥーンタウンはカラフルでメルヘンでピカピカして写真映えするエリアだが、あくまで実際には生命の営みのない見せかけの町だ。……だよね？　見せかけだよねトゥーンタウンなんて？　どう考えたってあんなところに本当にミッキーやドナルドなんかが住んでいるわけが**ポカッ!!　ふぐっ!!**

レストランに着いたとのことだったので、車を降りて入口に向かったのだがその建物も真っ暗であった。絶対営業してないじゃん!!　定休日くらいちゃんと調べておいてよ!!と思っていたところユンさんがドアを開けて「おーーい来たぞー！」と叫び、そこでバチバチッと電気が点いて従業員の女性が現れた。

テーブルに案内されて定食ふうの朝鮮料理の夕食だったのだが、食事の最中にも頻繁に停電になる。いったいこの電気との疎遠さはなんですか？と尋ねてみると、カンさん曰く、**アメリカ主導の経済制裁のせいで、エネルギーが全然足りていない**との回答であった。

そうなのか……。一部「北朝鮮には中国やロシアがこっそり燃料を流しているから、経済制裁なんて効いていない」という識者の意見も目にしたが、現実的には**街を街らしい明るさに保つことすらできないくらい発電ができていない**。ガソリンが足りず車も走っていないしレストランでは客が来るまで従業員が暗闇の中で待機。そして客が食事中でも電気を点灯し続けられないほど、ここにはエネルギーがないのだ。

ちなみに私が読んだ脱北者の本では、地方の村では電気以前に食べるものがなく、道端に当たり前のように餓死者が転がり、子どもは食糧がないせいで身長が伸びず、山でトンボを捕まえて食べて飢えを凌いでいるそうだ。核兵器やミサイルに使う予算で食糧を買えば何人の国民の命が救われるだろうか?

気の抜けない5日間が始まった。

11

必要なウソとのつき合い方❷

〈北朝鮮〉

北朝鮮ガイドのカンさん、ユンさんから言い渡された「滞在中厳守しなければならないルール」は、言葉の使い方だけではなかった。

まず、ホテルに帰った後は、絶対に一人で外出しないこと。もしどうしても外を歩きたくなったら、カンさんあるいはユンさんに同行を頼むこと。そして、写真を撮る時には1．軍人　2．貧しい人や風景　3．工事中（建設中）の建物　は撮影してはならない。さらに最も重要なこととして、新聞や雑誌など印刷物に金一族の写真や絵が掲載されていたら、その部分を決して伏せたり折ったりしてはいけない。必ず将軍様が綺麗に表面《おもてめん》に来るようにして、机や棚に置かなければならない。

まだ初対面のピリピリを引きずる私には、「それって守らなかったらどうなるんですか？」と聞く勇気はなかった。どうなるんだろう守らなかったら。「あんなに言っておいたのに、どうして言いつけを守らなかったのですか」と嘆いてカンさんユンさんが**鶴に変身して飛んで行ったり**するのだろうか？　まだなんの恩も返されていないのに（与えてもいないけど）。

ただ、先に書いたように私は前著の執筆時に少々北朝鮮について記事や本を読みこんでおり、「ルール違反を犯した国民はどのような処遇を受けるか」についてもいくらか事情は把握していた。国民に課されるルールは外国人旅行者へのそれよりもはるかに込み入っているのだが、例えば「猥褻な動画」を密かに所持していた住民は**機関銃で銃殺**、許可なく外国に国際電話をかけた住民も**銃殺**、勝手に「韓国のテレビドラマのＤＶＤ」を入手して視聴した住民も**銃殺**となったそうだ。

うーん。なんていいますかねえ。なんかちょっとねえ、**罪と罰のバランスおかしくないですか？**

人間界の常識として、「刑罰」というものは普通もうちょっと段階を踏んで科されていくものではないだろうか？　この国の場合、どう考えても最終的な刑に至るスピードが早すぎるのだ。いくらなんでも**その罪で殺すことはないよね**という違和感。忠臣蔵で例えるなら、吉良上野介《きらこうずけのすけ》が浅野内匠頭《あさのたくみのかみ》に「あれ？　浅野くん、仕事まだ残ってるのに残業もせず帰るの？　いいご身分だねえ」と、**ごく軽いパワハラ発言をしただけで赤穂浪士が討ち入りに来るようなもの**である。極刑の正当性をまったく感じられない。

まあ外国人に対してはさすがに一発極刑はないだろうが、私などは金さんを遊び人やら書記やら元帥やらと呼び分けるだけでも何度もミスして減点されているのに、その上こんな禁止項目が増えてしまったら、持ち点はとんでもない速度で消えて行くのではないか。各項目の違反点数が明かされていないのがまた怖い。

しかも厄介なことに私はファミコン世代なので、「**点数**」**と聞くととにかく最高点にチャレンジしてみたくなる**という三つ子の魂からの習性がある。スーパーマリオブラザーズでダッシュしながら亀を蹴って他の敵を巻き込み1000点2000点4000点8000点**ピロリロリロ♪**と点数が倍々、最後には1UPでライフが増えるあの快感。もし北朝鮮の違反点数レースで**一人で勝手にホテルの外に出て軍人さんとホームレスと工事現場の写真をバシバシ撮りながら**「**これって北朝鮮の金ちゃんの写真だよね？**」**と言って新聞の金正恩の写真をクシャクシャと丸めて道路に投げつける**というスーパーコンボにトライしたら、いったい何点まで行くだろうか？　おそらく一気に1000点─2000点─4000点─8000点**ズダダダダダ!!**と減点が倍々、最後に**銃殺されてライフが消える**という**逆スーパーマリオ状態**となるだろう。私の残機は1しか残っていないのに。せめてAボタンを押しながらスタートすると平壌駅から再開できる裏技が欲しい……。

まあでも、ルールを破ったからって日本国民である私に危害を加えれば、北朝鮮側もそれなりの報いは受ける覚悟はして欲しい。私になにかあれば、大国・日本が黙っちゃいないからな。言っておくが、**我が日本を敵に回してタダで済むと思うなよあんたらっ!!** **もし私の身になにかあれば、我が日本政府が妥協も容赦も知らぬ無慈悲で壊滅的な遺憾の意を表明するぞコラっ!!! どうだまいったか!!!**

ふっ。日本政府が動向を注視する力をなめんなってんだよ。一切の手加減のない無慈悲で強烈な注視をするぞこの野郎。

さて。北朝鮮ツアーでは脱走しない限り個人での行動は許されないため、基本的には連れられるまま専用車で「北朝鮮政府が外国人に見せてもいい場所(見せたい場所)」を順番に回ることになる。例えば金日成と金正日の巨大な銅像が建っている万寿台《マンスデ》の丘。記念日には軍事パレードが行われる金日成広場や主体《チュチェ》思想塔、金日成の生家や韓国との国境(軍事境界線)である板門店など。

しかしこのツアーで私が最も印象に残ったのは、個々の観光地というよりも、「カンさんとユンさんの仕事ぶり」であった。

　彼らは各スポット毎に交互に日本語でガイドをし、車で移動中も「この青年英雄道路は何年にどのようにして造られたか」「右手に建つ千里馬《チュンリマ》の像にはどのような由来があるか」と絶えずストーリーを語ってくれる。2人とも北朝鮮から一歩も出たことがないにも関わらず、見所の解説はもちろん、私の質問にも観光・世間話の区別なく日本語ですらすらと答えてくれるのだ。

　感心したのは、私が軽く話した身の上話でも彼らはちゃんと覚えていて、後に繋げてくること。例えば「さくらさんは大学はどちらへ行かれていたんですか？」「中京大学です」「チュー、キョー？　そんな大学があるんですね」「あるのです」という会話があると、次の日には**「さくらさんが行かれていた中京大学では、××は□□でしたか？」**というように、前日

この凶悪独裁者親子の巨像に献花をしてからでないと、平壌の観光はさせてもらえない

に聞いた固有名詞をごく自然に組み入れて話を展開させてくるのだ。

類似の例で、こんなこともあった。カンさんが、「カイケン」という言葉を使っていた。「この講堂は1976年に作られたのですが、今から5年前にカイケンされ……」というように、建物についての解説で頻繁に「カイケン」という単語が出て来ていた。

話の流れから、おそらく「立て直し」や「修復」の意味で言っているのだろうということはわかる。漢字にすれば「改建」だろうか？　が、しかし、そんな言葉は日本ではきょうび使わない。アプリで確認してみたが、国語辞典にも載っていない。それを私がカンさんに指摘すると、「ではどう言えば良いですか？」ということだったので、「えーと小さめに変えるなら『改装』、大きく変えるなら『改築』だと思います」と答えた。……で、次の日。また平壌を移動しながら話をしていると、カンさんが「これは朝鮮で一番大きなサッカー場です。**ちょうど去年改築が終わったばかりで**……」と、しっかり「カイケン」を「改築」に入れ替えて解説しているのである。

だからなんだと思われるかもしれないが、私個人の経験においては、これは青天の霹靂といえるくらい驚くべきことなのだ。海外に「日本語を喋る現地ガイド」はプロアマ公式インチキたくさんいるが、その人たちに言葉の間違いを指摘して、1回で直るなんてことはまずあり得ない。その場では「え？　カイチク？　OK、覚えたぜ！　**Yes、カイチクゥー!!**」とノリノリで改善しても、次の日には「ルック！　この教会は去年カイケンされたばっかりなんだぜ！」とあっさり**古いファイルで上書き**状態、私は「**いや戻ってるし!!　昨日教えてあげたじゃん!!**　……まあしょうがないか。外国語なんて間違えて当たり前、しかも客との前日の細かい会話までいちいち覚えてないだろうしな……」と、当然のように直らずこちらもそれを当然に受け入れ、**指摘したこと自体が無駄だった**という結果に終わるのが常だ。ところが、カンさんは私とのほんの数十秒の会話をちゃんと知識として保存し、翌日以降もアップデートした状態を保っているのである。これはカンさんの秀才ぶり、ガイドとしての有能さを示しており、ということはつまり、**私がルール違反で減点を受けたらその点数も忘れられずしっかり保持される**ということも意味するわけで、感心すると同時に私は背筋が寒くなった。

彼らは時間もただならぬ真面目さで守る。朝の出発時や夕食前など、私が集合時間5分前にロビーに下りて行くと、もうカンさんユンさん、運転手さんとトヨタ車はエントランスに待機しているのだ。

これも日本の感覚なら当たり前だと思うだろう。日本人で時間を守らないのはせいぜい宮本武蔵かB型の人くらいだ（問題を呼びそうな発言）。しかし、これも私の経験上だが、海外……とりわけ発展途上国でツアーに参加して、日本人より先に現地ガイドが集合場所にいる確率はゼロに近い。集合場所にはまず日本人旅行者が集まり、あれ、ガイドさんは？　もう集合時間だよね？　あれ、もう5分過ぎたよ。え、10分過ぎたぞ!?　**もしかして僕たち集合場所間違えたんじゃない!?　どうしよう!!　置いてかれた（涙）!!　怖いっ（号泣）!!!**　……と焦り出した頃、眠そうな現地ガイドが「**グッドモーニング、ハウアーユー？**」と悪びれずにゆったり登場、我々は「ああびっくりした〜〜、場所間違えちゃったかと思いましたよ〜（笑）。グッドモーニング！（意訳：**テメエ遅れてんじゃねぇよガイドが一番早く来いやなにが呑気にグッドモーニングじゃコラボケェッ!!!**）」と、にこやかに迎えるのが旅先でのガイドとの健全な関係性だ。

それが北朝鮮の方々は、人間界で最も時間を守るというA型の日本人である私よりいつも先に集まっているのだ。しかも、私が「あれが食べたい」「あそこを見てみたい」と要望したものに対し、「さくらさん、昨日話していた○○ですが、今日の○時に予約が取れましたのでご案内できますよ」と、これも私の希望を余すことなく記憶ししかも手配済で待ち構えているのである。

そんな鉄壁のサービス、偉大なる仕事ぶりには大層驚かされたのだが、それは繰り返しになるが**私の方も発言、行動のひとつひとつに気を抜けない**ということに繋がる。

彼らの仕事は「旅行者をアテンドする」だが、しかし同時に、「旅行者を監視する」という役割も担っている。……はずだ。例えば観光中に私がどこかに向けてカメラを構えると、必ず彼らのどちらかがさりげなく背後に回り込み、私がなにを撮っているかをチェックする。さらに、歩行時には基本的にカンさんかユンさんどちらか一方が私の隣につき、もう一人は距離を空けて30mほど後方をついて来る。これはおそらく、隣のカンさんを欺いて私がこっそり禁止行為を働こうとしても、後方から俯瞰で見ているユンさんが見抜いて制止（あるいは拘束！）することができる、というように監視の死角をなくすためのフォーメーションであろう。実に隙がない。

ガイドとして味方でいてくれる時には非常に頼もしく優秀な彼らは、いや頼もしく優秀だからこそ、いざ敵に回すと逃亡不可能な恐ろしい強敵になるのだ。……そう考えると、敵とは戦うのではなく、強い敵であればあるほど仲良くなって味方にしてしまうことが自分にとって得なのだなあと、教訓めいたことも私はしみじみ思ったのであった。

滞在中は、ルールを厳守することもそうだが、加えて私が気を使ったのは、**人々の語るウソを受け入れること**だ。もっと正確に言うと、「彼ら自身は真実だと思い込んでいるウソ」に対して、「受け入れたフリ」をすること。

例えば、金日成の生家に行くと、専属のガイドさんが「**偉大なる金日成主席はこのオンドル小屋において貧しくも革命精神溢れる少年時代を過ごし！　後に義勇軍を率いて神がかった深謀軍略《しんぼうぐんりゃく》により凶賊日帝を蹴散らし！　類い希なる唯一的指導により人民を導き我が朝鮮民主主義人民共和国を建国したのであるっ！**」と建国の歴史を説明してくれる。それをカンさんを通じて日本語で聞くことになるのだが、残念ながら私は、金日成が神がかった強さで日本軍を蹴散らし、唯一的指導で北朝鮮を建国したことが**ウソであることを**

知っている。

北朝鮮の教えでは、金日成は第二次世界大戦の終戦までに日本軍を相手に**およそ10年間で10万回の戦闘**を行い、そのすべてに勝利した無敵の将軍ということになっているそうだ。

しかし冷静に考えてみれば、10年で10万回ということは1年で1万回、**1日あたり30回近くの戦闘**を行ったことになる。偉大なる主席と日本軍の将校が『大乱闘スマッシュブラザーズ』で戦ったならまだわかるが、オンライン対戦の環境もない時代、**オフラインの本当の戦闘（殺したり殺されたりするやつ）**を1日何十回×10年ぶっ続けで戦ったというのはあまりに現実味がなさすぎる。

しかも、「10万回の戦闘すべてに勝利した」というが、理論的に考えて、**全部勝ったら10万回も戦えるわけがない**のだ。戦時中の本物の戦闘行為に毎日30回も勝利し続けたならば、1回勝つごとに戦利品を獲て兵力も膨らんで行く（しかも敵は弱体化する）ことを考えると、1週間で200回も勝てば日本軍は朝鮮半島からいなくなり、1ヶ月も戦えば金日成が日本本土を占領し、1年1万回も戦えば**世界征服**を果たすことができるのではないか。

つまり、現実的にはそんなに勝つ前に相手がいなくなるのだから、10年で10万回勝つことなどできるわけがないのだ。本当に10万回戦って全部勝ったというのなら、今ごろ**銀河系が金日成によって統一されていなければおかしい**。……いや、そもそも敵になるような知的生命体のいる星が銀河系にも数えるほどしかないだろうから、10万回も戦争に勝てば**全宇宙の支配**が可能な気がする。

というように、この国の建国神話には明らかな矛盾があるし、それ以前に元も子もない話をしてしまうと、金日成は1940年から終戦までソ連軍の兵士としてソ連にいたので、その時期彼は日本軍と戦ってもいないのだ。しかし終戦後、ソ連が北朝鮮を作る時にトップに朝鮮人を置く必要があるということで、ソ連にいた金日成が抜擢されたのである。唯一的指導……多分「すごい指導」という意味だと思うが、すごいどころか金一族は独裁と未熟な政治で国民を苦しめるばかりで、従わない人間はどんどん処刑、金正日体制下の1990年代後半には稚拙な農業政策と水害のせいで**国民の一割以上、300万人が餓死したと**もいわれている。

そのように西側諸国では今やすっかり化けの皮が剝がれている金日成やその一族（悪の

スージくん）を、「神がかった軍略により凶賊日帝を蹴散らしぃ！　類い希なる唯一的指導により人民を導き我が国をっ!!」と絶賛されても心証的にはバカバカしいことこの上ない。……が、そこで「なに言ってんのっ（笑）！　こんなインチキ野郎信じちゃってバカじゃないの（爆）!!」などと返そうものなら**無慈悲で容赦のない鋼鉄の裁き**である。日本の推しメンとは違い、北の推しメンには安易に「**お仕置きキボンヌ!!**」と叫ぶわけにはいかないのだ。お仕置きが**命を奪いに来るシリアスさ**だから（涙）。従って、それが全部ウソだとわかっていても、「そんなに強かったんですね金日成主席って!!　そのような伝説の将軍様がご出生なされた聖地に推参適《すいさんかな》いまして私めはなんと幸せなのでしょう……あわわわ……ごぼぼ（泡）」と、こちらも**ウソの感動**を表明しなければならないのである。

　また、北朝鮮の観光中、将軍様の功績以外に繰り返し聞かされる大きなウソが、**朝鮮戦争**についてである。

　平壌に、祖国解放戦争勝利記念館という観光スポットがある。「戦争勝利記念館」というだけあってここは「朝鮮戦争の勝利を記念して建てられた軍事博物館」で、士気を高めるためだろう、北朝鮮軍の兵士が団体で見学に来ていて大賑わいであった。私には専属のガイドがついてくれたのだが、その方も軍服を着た女性で、聞いてみるとコスプレではなく本当の軍人さんとのことであった。

ちょうど3年前にリニューアルされたばかりということで建物は新しくてピカピカ、入口ホールに10mはあろうかという金日成像が立っていたりとだいぶ公金が投入されているのだが、そもそもこの博物館は、博物館の趣旨からしてウソにまみれている（と私は思う）。なにしろ、根本的なところからして、北朝鮮は朝鮮戦争に**勝っていない**。

ごくごくごく簡単にまとめると朝鮮戦争の流れはこうだ。1. ある日突然、北朝鮮が韓国に攻め入る　2. 北朝鮮がほぼ朝鮮半島を征服　3. アメリカが韓国を助けて反撃、北朝鮮軍は中国付近まで逃げる　4. 中国が北朝鮮の味方につき、また押し返す　5. 結局、戦争前の国境とほぼ変わらない北緯38度線で停戦。……これが、朝鮮戦争の国際的な共通認識である。

ところが、彼らの言い分は違う。ガイドの軍人さんからカンさんを通して解説される朝鮮戦争は、「朝鮮半島を我が物にせんとするアメリカ、そしてその傀儡《かいらい》である南朝鮮賊軍がある日突然我が国に卑劣な奇襲攻撃を仕掛けた！　最高尊厳にして偉大なる金日成主席はただちに迎撃を命じ、我が革命軍は全戦線での全面的軍事打撃行動により南朝鮮へ猛進！　戦略的撤退を断行した後《のち》に、先軍の報復聖戦により遂に愚かなアメリカ賊軍を跪《ひざまず》かせたのである!!」というストーリーなのだ。なぜか戦争を始めたのは韓国の側になっているし、反撃されて北へ逃げまくったことは「**戦略的撤退**」、そして最後にはアメリカ賊軍が朝鮮に「**跪《ひざまず》いた**」……つまりアメリカが「参った許してくれー」と降参し北朝鮮が全面的勝利を納めたことになっている。

……いやいやいやいや、キミたちおかしいでしょう？　どう考えてもキミたちが先に仕掛けたんじゃやない！　奇襲攻撃したからあんたらが序盤に南に猛進できたんでしょ!!　結局散々にやり返されてなんの成果も得られず終わってるのに大勝利したことにして戦勝記念館まで作るって、**なにその「今日はこれくらいにしといてやらあ」みたいな吉本新喜劇みたいなダサイ勝ち誇り!!　あなたたち芸人さん？　「北朝鮮住みます芸人」ですかもしかしてあなたたち（爆）!!　しかも反撃されて散々逃げまくったことを「戦略的撤退」って苦しすぎぃ（笑）!!　「跪いた」なんて日本語も人間が発するの初めて聞いたっ!!　『北斗の拳』のアニメ以来だわその言葉聞いたのww!!　しかもそんなシリアス**

な真顔で言っちゃって、ちょっと、ダメっもう僕ちん我慢できないっ（笑）!!!　お願いっ冗談は将軍の髪型だけにしてぎゃはははははっっ（涙）!!!　いい大人がそんな大真面目な顔で大ウソを（爆）!!

……………なんて言えると思います？

あなた、言えますか？　たとえ全部ウソだとわかっていても、平壌の軍事博物館でガイドの軍人さん相手に「バカじゃないの？」とか「ウソつき！」とか「リニューアルしても変わらず言い訳と屁理屈ばっかり！　**ああ言えば正恩《ジョンウン》かっ（笑）!!!**」とか……、言えますか？　しかも周りに北朝鮮軍の兵士がわんさかいるところで。もしそれを言って、カンさんに大声で通訳されてしまった暁にはその場で私の肉体は無慈悲な炎により廃墟と暗黒の焦土化である。

だからそんな１８０度ねじ曲げられた説明を聞いても、こちらは「あのアメリカに勝ったなんてすごいです！　すごイルソン!!」と、ウソに乗っかるしかないのである。……その他にも、北朝鮮でなされる説明は私が去年聞いたばかりの韓国側の説明と真逆なものがいくつもあり、私はまさに芥川龍之介の『藪の中』の世界に自分が入り込んでしまったような、摩訶不思議な気持ちになった。

毎夕食時はカンさんユンさん、運転手さんと4人でテーブルを囲むのだが、ある程度関係が築けたところで、私は政治的なテーマについても話を聞いてみた。

例えば、拉致の話。まず、大勢の日本人や韓国人を北朝鮮がさらっていたという事実について知っていますか？と尋ねると、意外にもユンさんは「知っています」とのことだった。知っていることも、知っていると答えたことも意外であった。

ただし彼らの言い分では、拉致に政府が関与していたなんていうことはあり得ず、あれは暴力団のような「悪い組織」が勝手にやったことだという。

もちろん、ウソである。拉致被害者の方は住む場所が与えられ配給も受け、諜報員に日本語を教える仕事をさせられたりもしている。明らかに国が主導していたということだ。悪い組織が勝手にさらって来た無戸籍の外国人に、配給を与えて役人の教育を任せる国などあるわけがない。

ただこのウソも、下手に反論せず受け入れておいた方が双方にとって都合が良いのではないかとも、私は思った。なぜなら、北朝鮮としても、国家……つまり偉大なる金一族がそのような大犯罪に関わっていたということは断固として認められないだろうが、「見知らぬ不良国民が勝手に犯した罪」であれば、「我々は知らなかったんだが、あいつらのせいで申し訳ない」と、他人のせいにすることで罪を認めやすくなるのではないかと感じるからだ。

さらに私は聞いてみた。わかりました、拉致事件は、政府とは関係のない悪の組織が起こしたものだと。……だとしても、ともかく精微に調査をして、被害者を見つけて返すのが筋ではないのですか？　ストックホルム合意では、「調査委員会を作ってしっかり調べる」と約束したじゃないですか。約束は守るべきだと思うんですが、どうですか？

それに対するユンさんの回答はこうであった。「そうはいっても、先に約束を破ったのは日本ではないですか。2002年、一時帰国のはずだった5人を、日本は返さなかったではないですか。……それに、我々は過去に日本から非道な侵略を受けているんです。まず日本が植民地支配や従軍慰安婦の罪について、我が国に対し正式に謝罪と賠償をするべきです。そうすれば、その後に、私たちも約束を守りますよ」。

会話の泥仕合を避けるため私ははっきり肯定も否定もせず、「そうですか」としか答えられなかったが、ユンさんの言い分からは、とても事態が難解になっていることを感じた。この国の政権は、将軍一族に対する人々の信仰で成り立っていると言える。その指導者への信仰で成り立つ国において、ユンさんに代表されるように国民が「まず日本が植民地支配について謝罪するのが先だ‼」と考えているのなら、その謝罪がなされない限り将軍は動かないであろう。もし先に彼らが折れてしまって人民から「なんでそんな弱腰なんだ⁉将軍様ってそんな情けない奴だったの⁉」と思われることになったら、基盤である「信仰」を失い国の体制を維持できないと考えられるからだ。では、日本が彼らの要求通り、先に謝罪と賠償(するべき謝罪と賠償が仮にあるとして)を行うべきなのだろうか？　罪のない大勢の国民を突然誘拐して行き、こちらに向けてミサイルをばんばん撃っている国に対して、一方的に謝罪を……？

他にも、いくつかの出来事について、カンさんとユンさんに考えを聞いてみた。去年、国境の非武装地帯で、北朝鮮が仕掛けた地雷で韓国軍の兵士が足を吹き飛ばされた事件について。また、ソウルオリンピック直前に北の諜報員だった金賢姫《キムヒョンヒ》さんが、爆弾を仕掛けて大韓航空機を墜落させた事件について。

それらに対する回答は、「それは我が国を悪者にするために、南朝鮮が流したデマです」というものだった。つまり韓国が自作自演をして、自分たちで地雷を仕掛けたり、飛行機を爆破したりして北に罪を着せているのだという。またいわゆる「苦難の行軍」と呼ばれる、300万人が餓死したという食料難について尋ねてみると、「それは我々が西側諸国を混乱させるために発信した、デマです」ということだった。結局のところ、**本当のことはまったくと言っていいほど語られず、都合の悪い部分はすべてデマで片付ける**、それが、政治の絡むテーマについて話した時の、北朝鮮の人々の反応であった。


北朝鮮の人たちの、個々の印象というのはとても良いのだ。

ある夜、私はカンさんに同行を頼み、ホテルから平壌駅までトコトコと歩いた。首都の駅前の大通りにも関わらず、光量が足りなさすぎてカメラを構えてもどこにも焦点が合わないほどの暗闇だったのだが、駅前の小さな広場だけは街灯がついていて、その下のベンチで何人かの学生さんが教科書を開き勉強をしていた。この北方の真冬に、家には照明がないため、屋外のベンチで街灯の明かりを頼りに学生さんが勉強をしているのだ。カンさんも、「私も学生時代ここで日本語の参考書を開いて勉強したんですよ」とのことであった。

また、道すがらカンさんに「夜の散歩までおつき合いありがとうございます。毎日ハードワークで疲れませんか?」と尋ねてみると、「とんでもない、国のためですから。喜んで働きますよ!」とにこやかに返って来た。決して義理で言っているのではなく、心底そう思っている口調であった。

思えば、それぞれの観光地、軍事博物館や板門店でガイドをしてくれた人たちも、例外なく真摯に働いており、政治的な話が絡まない場面ではとてもピュアな笑顔を向けてくれた。

この人たちが、自分が一生懸命勉強した歴史、何十年も自分の生業として観光客に伝えて来た話、生まれてからずっと信じ続けているものたちが、すべてウソだと知ったらその時彼らはどんな気持ちになるのだろうか? 仮にある日体制が崩壊したとして。まだ若くして真実を知れたならいいが、年老いてから、今まで人生をかけて信仰して来たものがウソにまみれていたとわかったら、どんな絶望を覚えるだろうか？　絶大なるリーダーシップと神通力を持つはずの将軍様が、実は国民を飢えさせ虐殺を繰り返す、大犯罪者だったと知ったら？

もしかしたら、この人たちはこのままウソにまみれながら、真実を知らないまま人生を終えた方が幸せなのではないかと、私はふと思ってしまった。

しかし、そもそも真実とはなんなのだろう？

よく考えてみれば、私が真実だとみなしていることとは、「本で読んだこと」「報道で伝えられたこと」でしかない。例えば「朝鮮戦争は北が仕掛けた」という情報だって、そこには「本にそう書いてある」「みんなそう言っている」という根拠しかないのだ。私が実際に体験したことなどひとつもない。本に書いてあるものにだってウソはたくさん混じっているということは、私が身を以て知っている（なぜだろう）。

となると、私がなにかを事実だと判断していることは、北朝鮮の人々が「教科書に書いてあった」「国営放送で言っていた」「将軍様が仰っていた」からなにかを真実だと思っていることと、実はなんら変わらないのではないか？

そこは、いまだに引きずっている課題である。帰国後、私は北朝鮮でのやり取りの話をするとよく「本当のことを教えてあげればよかったのに！」と知人から言われたのだが、はっきり言って、私が「それは違うよカンさんユンさん！　本当はこうなんだよ！」と主張したとして、それが彼らの言い分より正しさで勝《まさ》っているという保証などなにもないのだ。カンさんからすれば、「何十年もずっと信仰している、神のごとき将軍様」が仰ることと、「昨日初めて北朝鮮にやって来た、年下の一般人の敵国民」が言うことと、どっちに信頼が置けると思うだろうか？

もっとも、我々には表現の自由があり、Aという情報にもBという情報にもCという情報にもDからZにも、公平に触れることができる。そしてそれらに対して賛同・異論を、銃殺されずに自由に述べることができる。そうして情報が洗練されていく社会にいる分、Aの情報しか与えられず信じることしか許されない北の人々よりも、いくらかは真実に近い場所にいるとは思うが。

ただ確実に言えることは、私がもしこの国に生まれていたら、絶対に同じように洗脳され、飢えながらも将軍様の領導にすがり神として敬服していただろうということだ。なにしろこれだけ気の効く仕事ができる、自国から出たこともないのに街灯の下で勉強をして日本語がペラペラになっているほど優秀なカンさんが、一方で愚かに見えてしまうほど将軍様の出鱈目（こちらから見れば）を信じ込んでしまっているのである。それに比べたら私など……、おそらく北朝鮮の狂信ぶりを茶化しているほとんどの日本人も、この国に生まれてしまったら彼ら人民の思想体系のコピーになっていただろう。そう考えると、この国の上層部に石は投げても、一般の人々を笑うことはできないと私は感じた。

いや、もしかしたら、毎日のように外国人と接しているカンさんやユンさんは、いくらかのことには気付いているのかも知れない。本来気付いてはいけないことに。ただこの国では、それを口にしてしまうと知人や同僚に告発され、収容所に送られる運命が待っている。だから彼らは、わかっていて操り人形を演じ続けるしかないのかもしれない。

私の見る限り真摯に生きている多くの人たちが電気も点けられず食べ物も食べられず、世界から嘲笑の的になっている、そんな現状を作っている指導者一族に憤りを覚え、また同時に、真実とはなにか、ウソとはなにか……、それを深く考えさせられた北朝鮮の滞在であった。

あとがき

いかがでしたでしょうか？　私の遭遇した「旅のトラブル」の実例から、うまくみなさんなりの傾向と対策を見出していただくことができたでしょうか？

……これから旅に出ようと思っている方たちに向け、旅先のトラブル事例を紹介し役立てていただこうというコンセプトで書き始めたこの本ですが、書き進めるにつれ、そういうコンセプトがあることを私は**すっかり忘れていました**。わっはっは。

あとがきを書く段になって、久しぶりにまえがきを読み直してみたらそういえばそういうテーマがあったんだと思い出し、思い出した結果あとがきの書き出しはそれらしい文章で始めることができたので、これにて**終わりよければすべてよし**ということで。ああよかったすべてよくなって。

とはいえ私が書く旅行記は、どこの国の話であろうと全部**トラブル実例集に勝手になってしまう**ので(涙)、結果的には「旅のトラブルを紹介する」という趣旨にはちゃんと沿った内容になっていたのではないでしょうか。今後読者のみなさまが旅立つ時には、私の屍を乗り越え、私の惨めな経験を踏み台にして旅先の不安や安宿やぼったくりや虫や野犬や盲腸やふれ合いと戦っていただければと思います。

一点注意していただきたいのは、個人旅行をする際は、事前にインターネットと『地球の歩き方』を使いこなして、現地の治安、安全情報をしっかり集めて欲しいということです。

なにしろ海外の政治・経済情勢は短期間で大きく変わることがあり、現地の治安はそれに連動します。私の本に限らず、出版されている旅行記で描かれているのは大概は何年も前の体験談なので、観光はともかく治安情報は頼りになりません。

私の例でいうと、北朝鮮への渡航について「こいつ随分無鉄砲なことしてるなあ」というイメージで受け取られたかもしれませんが、私が滞在したのはちょうど日本と北朝鮮が緊張の谷間にある時期でした。私が旅を終えて帰国した直後に、日本が北朝鮮のミサイル&核実験に対して独自制裁措置を決定し、渡航の自粛も要請されるようになりました。当然その後は現地の反日感情もどんどん高まっているでしょうし、2019年現在では、北朝鮮へ行く場合には一部保険会社では海外旅行保険に加入することすらできなくなっています。イランに行く場合も同様に保険加入ができない（あるいは保険の対象にならない）状態になっていますが、私の時は両国ともきっちり保険に入って行けていました。

つまり、ほんの数年で旅行保険の適用からも外れてしまうくらい、外国の情勢というのは一変し得るということです。今時はどんなマイナーな国でも、そこを最近旅行してブログに旅レポートを上げてくれている旅行者がいるので、情報収集ではそういう新進のブロガーさんの記事に頼るのが良いでしょう。……ただし、キラキラ旅行写真をアップしている人がやがて仮想通貨がどうしたとか「1日たった30分！　旅しながらスマホだけで月に10万円稼げます！」とか言い出したら**もうそいつには近付くな！**

そしてもうひとつ、これからの旅人に私がお願いしたいことは、謙虚な気持ちを持って旅をして欲しいということです。

たまに、長い旅をした経験を後生誇って「毎日スーツ着て満員電車で通勤なんて、おまえらそんな奴隷生活はやめて旅に出ようぜ！　さあ一歩踏み出すんだ、この俺のように‼」と、なんだか偉そうな態度で世間に呼びかけている旅人を見かけます。

しかしそれは勘違いも甚だしく、言うまでもなく偉いのは毎日ちゃんと通勤して働いている人たちの方です。

長期旅行者というのは仕事もせず長々と趣味に興じているという点で、オンラインゲームばっかやっている引きこもりとダメ人間ぶりでは大差ないんです。別に人様に迷惑かけなければ引きこもろうが長旅に出ようが個人の自由ですが、日本の円やパスポートが強く日本人が気軽に旅に出られるのは、引きこもりもせず長旅にも出ず毎日通勤して働いている人たちのおかげなんです。そこに対する感謝と引け目、謙虚な気持ちは絶対忘れてはいけない。それを忘れて「おまえら毎日満員電車で通勤って（笑）」と上から傲慢な物言いをするような旅人は、ぜひ内外で巧妙な詐欺に遭って大金を失いやがればいいと思います。

ついでに骨の二、三本も折れますように。折れた骨が肺に刺さりますように。

ちなみに私の人間的性質は本来旅人ではなく引きこもりの方で、部屋でテレビゲームをしているのが一番好きな時間、海外旅行は大嫌いな時間です。辛いんだから。

そんな私が、なぜか今作で出版した旅行記は9冊目……！

どうして私が辛い旅なんかに（しかも一人で）出るようになったのか、そんな経緯《いきさつ》も含めて、私の旅のトラブル事例集を他にも読んでみたいと思ってくださった高貴な方は、ぜひ他の著作もお手に取っていただけたら幸いです。

また現在はPodcast《ポッドキャスト》（インターネットラジオ）の番組で、旅の経験を話しています。この本では書けなかった中国・北京から北朝鮮国境へ至る陸路の苦しみ、北朝鮮国境越えの恐怖、平壌の各訪問地での出来事など生々しく話していますので、よろしければパソコン、もしくはスマートフォンの「Podcast」が聴けるアプリ（iPhoneもAndroidも最初から入っています）で「さくら通信」と検索し、気になる回をお聴きいただけたらと思います。

また次の旅の経験を、いつかみなさんにお伝えできる日が来ればいいなと思っています。

最後までお読みくださり、ありがとうございました。

さくら剛（さくら・つよし）

デビュー作の『インドなんて二度と行くか！ボケ！…でもまた行きたいかも』(アルファポリス)が10万部を超えるベストセラーに。以降、『東南アジアなんて二度と行くかボケッ！……でもまた行きたいかも。』『中国なんて二度と行くかボケ!……でもまた行きたいかも。』『三国志男』(幻冬舎)、『世界のニュースなんてテレビだけでわかるか！ボケ!!』(いろは出版)など著作多数。
相対性理論など科学の世界を解説した『感じる科学』(サンクチュアリ出版)は、理研創立100周年を記念した「科学道100冊」に選ばれるなど高い評価を得ている。
Podcast番組「さくら通信」は10万人を超えるリスナーを集める。

わたしの旅ブックス
018

海外旅行なんて二度と行くかボケ!!

2019年12月13日　第1刷発行
2020年 3 月25日　第3刷発行

著者――――さくら剛

編集――――及川健智（産業編集センター）
デザイン――――マツダオフィス

発行所――――株式会社産業編集センター
〒112-0011
東京都文京区千石4-39-17
TEL 03-5395-6133　FAX 03-5395-5320
http://www.shc.co.jp/book

印刷・製本――――株式会社シナノパブリッシングプレス

ISBN978-4-86311-249-0 C0026

007
旅する歴史家
河合 敦
歴史家になるまでの半生を、旅になぞらえて振り返った著者初の自伝的エッセイ。初公開エピソード満載。

008
わが天幕焚き火人生
椎名 誠
著者の〝天幕人生〟を綴った表題作の他、単行本未収録のエッセイを収録。シーナワールド全開の一冊。

009
旅のアイデアノート
森井 ユカ
世界を旅する雑貨コレクターが教える、本当に役立つ旅のアイデア100。

010
イランの家めし、いただきます！
常見 藤代
ひとりでイランの家庭を泊まり歩いた心あたたまる旅の記録。写真家でもある著者の美しい写真も満載。

011
考える旅人　世界のホテルをめぐって
山口由美
ノンフィクション作家のオピニオンエッセイ集。世界のホテルを旅して考えたことを硬質な文体で綴る。

012
東欧　好きなモノを追いかけて
久保 よしみ
東欧雑貨の第一人者による買いつけ旅日記。東欧の20年と人々の暮らしが見えてくる一冊。

013
ダリエン地峡決死行
北澤 豊雄

コロンビア・パナマ国境の危険なジャングル地帯の踏破に挑んだ、ある一人の男の冒険ノンフィクション。

014
シニアのための島旅入門
斎藤 潤

日本の有人離島をほぼ踏破した島の達人による「島旅入門書」。豊富な情報と写真が島旅へと誘う一冊。

015
今すぐ出かけたくなる魅惑の鉄道旅
野田 隆

「乗り鉄」のベテランが厳選した今おすすめの40の鉄道旅を紹介。観光列車からローカル線までを網羅。

016
心がワクワクして元気が出る！37の旅の物語
西沢 泰生

心がちょっと疲れた時に読むと、まるで旅に出た時のような元気がわいてくる、37の物語と18の名言。

017
まばゆい残像そこに金子光晴がいた
小林 紀晴

金子光晴に導かれて旅をした若き日々の残像を拾い集め、新たな紀行として書き下ろしたフォトエッセイ。